► 教育部哲学社会科学研究重大课题攻关项目
► 西安交通大学人文社科学术出版基金资助

能源消费与污染排放约束下的中国经济可持续发展

NENGYUAN XIAOFEI YU WURAN PAIFANG YUESHU XIA DE
ZHONGGUO JINGJI KE CHIXU FAZHAN

杨万平 / 著

知识产权出版社
全国百佳图书出版单位

图书在版编目（CIP）数据

能源消费与污染排放约束下的中国经济可持续发展/杨万平著. —北京：知识产权出版社，2018.6

ISBN 978 - 7 - 5130 - 5613 - 7

Ⅰ.①能… Ⅱ.①杨… Ⅲ.①能源消费—影响—中国经济—经济可持续发展—研究②污染控制—影响—中国经济—经济可持续发展—研究

Ⅳ.①F124②F426.2③X322.012

中国版本图书馆 CIP 数据核字（2018）第 120066 号

内容提要

中国经济持续快速增长，是过去 30 年全球经济最为重要的事件之一，但在片面以 GDP 为导向、以粗放型的经济增长方式拉动经济快速增长的同时，也带来了诸如资源匮乏、能源短缺、环境污染、生态恶化等一系列问题。本书以较为全面的内生经济增长模型为基础，以较深入的实证研究为依托，对能源、环境双重约束下的中国经济如何持续增长做了有益的探索。

责任编辑：江宜玲　　　　　　　　　　责任校对：潘凤越

装帧设计：张　冀　　　　　　　　　　责任出版：刘译文

能源消费与污染排放约束下的中国经济可持续发展

杨万平　著

出版发行：**知识产权出版社**有限责任公司	网　　址：http://www.ipph.cn
社　　址：北京市海淀区气象路 50 号院	邮　　编：100081
责编电话：010 - 82000860 转 8339	责编邮箱：jiangyiling@cnipr.com
发行电话：010 - 82000860 转 8101/8102	发行传真：010 - 82000893/82005070/82000270
印　　刷：三河市国英印务有限公司	经　　销：各大网上书店、新华书店及相关专业书店
开　　本：720mm×1000mm　1/16	印　　张：10
版　　次：2018 年 6 月第 1 版	印　　次：2018 年 6 月第 1 次印刷
字　　数：170 千字	定　　价：48.00 元

ISBN 978-7-5130-5613-7

前　言

　　1979—2012 年，中国经济持续快速增长是全球经济最为重要的事件之一，年均 9.8% 的增长率举世瞩目，目前已经成为世界第二大经济体。但在片面以 GDP 为导向、以粗放型的方式拉动经济快速增长的同时，也带来了诸如资源匮乏、能源短缺、环境污染、生态恶化等一系列问题。其中，能源与环境问题开始日益凸显并备受关注。经济的高增长主要靠高投入、高消耗推动，面临持续、高速的经济增长与能源耗竭、环境恶化的两难选择：一方面，由于对可耗竭能源的开采利用和工业污染排放的不断增加，粗放的经济增长导致了能源短缺与环境质量下降的负面效应；另一方面，能源的可耗竭性、环境恶化反过来也制约了经济的长期持续增长。可持续发展正面临来自能源短缺与环境恶化的双重严峻挑战，以牺牲能源、环境为代价的粗放增长不可持续，"十一五"规划提出建设资源节约型、环境友好型社会的目标，节能减排被确定为中国的基本国策。党的十七大首次把建设生态文明写进报告，党的十八大报告则明确把生态文明建设提到了前所未有的高度。党的十九大报告则表明中国经济已经进入新时代，已由高速增长阶段转向高质量发展阶段。实现高质量发展，是保持经济社会持续健康发展的必然要求，是适应我国社会主要矛盾变化和全面建设社会主义现代化国家的必然要求。生态文明理念与实现经济高质量发展是中国政府基于传统文化、国外可持续发展理论和实践经验的基础上提出来的，更符合中国国情，是有利于解决中国经济发展中资源环境问题的新道路，已成为建设美丽中国、实现中华民族永续发展不可或缺的路径。推进生态文明建设与实现经济高质量发展是全球可持续发展的中国实践，已经成为转变经济发展方式不可或缺的组成部分。在这一背景下，针对经济增长过程中的能源消费和污染排放问题，通过将能源与污染因素纳入生产函数及全要素生产率的框架，研究能源消费、污染排放约束下中国经济增长的可持续性问题以及驱动因素，对于正确认识中国目前所处的发展阶段、指导制定正确的宏观经济政策、实现经济的高质量发展，具有重要的理论意义与现实意义。

第一，基于可持续发展概念，构建了一个考虑能源持续利用与污染治理的五部门内生技术变化经济增长模型，将能源与环境同时引入生产函数及效用函数，运用最优控制方法求解了经济可持续增长的条件，并进一步揭示了能源消耗速率、污染治理与经济可持续增长之间应该满足的动态关系，证明了基于能源和环境双重约束下经济持续增长的可能性，求解了能源和环境双重约束下经济持续增长的路径和条件。

第二，基于单一污染物难以表达环境污染状况的不足，提出了能够代表整体环境状况的污染排放指数，运用一种基于整体差异的客观综合评价方法对中国及其各省的环境污染状况进行了测度。选取与工业生产和生活排放有关的污染物指标，测度了中国 30 个省份及地区（除西藏和港澳台外）的整体污染排放状况，计算在截面和时间维度均可比的污染排放指数，并进行动态排序；最后考虑到污染排放的动态累计效应，在动态面板数据的基础上，将改进的 STIRPAT 模型与 EKC 假说相结合，利用系统 GMM 估计方法分类研究不同污染排放水平的影响机制。

第三，要探讨经济发展的可持续性问题，需要从经济增长方式入手，而全要素生产率是判断经济增长方式的重要指标。环境污染、生态破坏是人类发展过程中付出的代价，而不是人类生产活动的非期望产出，本书采用序列 DEA 方法，将污染与能源看作投入要素，作为未支付的投入引入生产函数，并将之前各期位于生产前沿面上的生产组合与当期生产组合均纳入构建生产前沿面的框架，以避免出现"技术退步"的情形。研究发现，我国绿色 TFP 作用重心呈波轮式演进，范围在东经 108.5°～114.4°与北纬 29.4°～34.4°之间，且明显有向西北部移动的趋势。特别是在有些年份，绿色 TFP 作用重心已经进入西部范围，而还有另外一些年份，绿色 TFP 作用重心相对靠北。

第四，本书将能源、环境因素引入经济增长核算框架，建立了一个非参数模型，以弥补 M 指数和 L 指数测算经济增长各分项来源的贡献份额加总之和达不到 100% 的缺陷；并运用重力模型，从动态、空间关联的角度研究中国经济增长动力是否发生区域转移，以及经济增长转移是受资本、劳动力、能源等要素投入驱动还是受 TFP 抑或是环境损耗驱动。研究发现，从经济增长重心及其动力在空间上的动态转移轨迹可以看出，资本的动态演变轨迹与经济增长最为类似，经济增长重心向西部转移过程中伴随资本作用、绿色 TFP 作用重心的同方向移动，但劳动、人力资本、能源及环境损耗虽然都有不同程度向西移动的趋势，却最终又转回东部，这也验证了本书在时间维度的推测。资本、绿色 TFP 对经济增长的作用力较大，人力资本对经济增长的作用力也较大，但主要集中在东部发挥作用。

近年来，在中国经济高增长中所表现出来的要素驱动型经济发展模式、中国的经济生产率以及日益加剧的能源供求矛盾与环境污染问题的研究中，虽然在各自的领域都得出了相当一致的结论，但还缺乏一个统一完整的，将经济增长方式与能源、环境问题结合起来进行研究的经济学分析框架。本书以较为全面的内生经济增长模型为基础，以较深入的实证研究为依托，对能源、环境双重约束下的中国经济增长做了有益的探索，对同类或相关研究有参考借鉴作用，对推进能源、环境约束下中国经济增长方式的转变有积极的应用实践意义。也为中国政府在新时代，经济由高速增长转向高质量发展，坚持质量第一、效益优先，推动经济发展的质量变革、效率变革、动力变革，为提高全要素生产率提供了科学依据。

目　录

1 绪 论

1.1 研究背景与选题意义

1.1.1 研究背景

20 世纪 70 年代末，党的十一届三中全会确立了以经济建设为中心的方针，实行改革开放政策，之后中国经济蓬勃发展。1979—2012 年，国内生产总值年均增长 9.8%（见图 1-1），而同期世界经济年均增速只有 2.8%。中国经济高速增长期持续的时间和速度都超过了经济起飞时期的日本和亚洲"四小龙"（新加坡、韩国、中国台湾、中国香港），创造了人类经济发展史上的新奇迹。

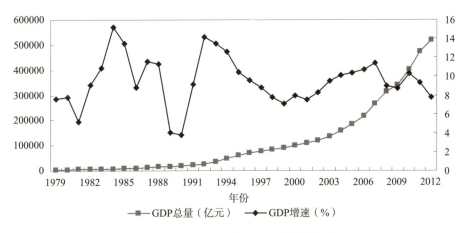

图 1-1　1979—2012 年中国经济总量与速度

在此期间，中国经济总量连上新台阶，综合国力大幅提升。国内生产总值由1978年的3645亿元迅速跃升至2012年的516282亿元（见图1-1）。其中，从1978年上升到1986年的1万亿元用了8年时间，从1986年上升到1991年的2万亿元用了5年时间。此后10年平均每年上升近1万亿元，2001年超过10万亿元大关，2002—2006年平均每年上升2万亿元，2006年超过20万亿元，之后每两年上升10万亿元，2012年已达到近52万亿元。

同时，中国经济总量居世界位次也稳步提升，对世界经济增长的贡献不断提高。1978年，中国经济总量仅位居世界第十位；2008年超过德国，居世界第三位；2010年超过日本，居世界第二位，成为仅次于美国的世界第二大经济体。经济总量占世界的份额由1978年的1.8%提高到2012年的11.5%。2008年下半年国际金融危机爆发以来，中国成为带动世界经济复苏的重要引擎，2008—2012年对世界经济增长的年均贡献率超过20%。

在经济总量不断攀升的同时，中国人均国内生产总值也不断提高，成功实现从低收入国家向中等收入国家的跨越。1978年人均国内生产总值仅有381元，1987年达到1112元，1992年达到2311元，2003年超过万元大关至10542元，2007年突破2万元至20169元，2010年再次突破3万元大关至30015元，2012年人均国内生产总值达到38420元，扣除价格因素，比1978年增长16.2倍，年均增长8.7%（见图1-2）。人均国民总收入也实现同步快速增长，根据世界银行数据，中国人均国民总收入由1978年的190美元上升

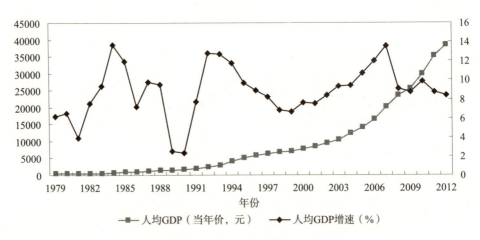

图1-2　1979—2012年中国人均国内生产总值与增长速度

至 2012 年的 5680 美元，按照世界银行的划分标准，已经由低收入国家跃升至中等收入国家。对于中国这样一个经济发展起点低、人口基数庞大的国家，能够取得这样的进步确实难能可贵。

中国经济在快速增长的同时创造了大量的物质财富，经济持续繁荣。然而，在取得巨大成就的同时，中国经济增长呈现出新的特征，人口、资源、环境的矛盾日趋显现，经济发展的深层次矛盾越发尖锐，人与自然和谐发展的问题尤为突出。经济高速增长所带来的能源的净进口、环境污染、生态恶化等问题，让中国随后发展的每一步都面临重大的选择。能源资源的消耗和污染排放已逼近环境承载极限，能源与环境问题对中国经济的可持续增长造成了严重的制约，成为经济持续增长以及经济由高速增长转向高质量发展的瓶颈。能源、环境和经济三者之间密切联系，经济增长需要能源供应支撑，能源消耗带来环境污染，环境污染反过来又造成经济损失，破坏经济持续增长的基础，阻碍经济由高速增长转向高质量发展的进程。在中国经济社会发展过程中，伴随着经济高速增长和世界制造业中心的形成，由于人均能源资源占有率偏低和粗放型经济增长方式的交互影响，使能源资源短缺、环境恶化对经济社会可持续发展的约束越来越明显，生态环境承载能力不足与经济社会可持续发展的矛盾加剧，突出表现为发展的各种"不可持续性"，其中以"高增速、高投入、高消耗、高排放"为特征的经济增长方式与能源束缚、环境恶化的双重约束之间的矛盾尤为突出。坚持质量第一、效益优先，推动经济发展的质量变革、效率变革、动力变革，提高全要素生产率迫在眉睫。

面对日趋强化的资源环境约束、人口红利的消失以及人口结构的变动，必须增强危机意识，以节能减排为重点，健全激励与约束机制，加快构建资源节约、环境友好的生产方式和消费模式，增强可持续发展能力，要坚持把建设资源节约型、环境友好型社会作为加快转变经济发展方式的重要着力点，促进经济社会发展与人口资源环境相协调，走可持续发展之路。贯彻新发展理念，在生态文明建设的要求下，推动经济持续健康发展。

（1）要素依赖型经济发展方式与资源的有限性之间的矛盾日益尖锐，影响人与自然和谐、可持续发展。

中国经济在发展过程中高投入与资源束缚的矛盾已经日趋尖锐。能源是人类生存、经济发展、社会进步不可或缺的重要资源，是关系国家经济命脉和国防安全的重要战略物资。长期以来，中国经济发展主要依赖要素投入，高投入、高能耗是中国经济发展的主要支撑力量：2005 年中国用占全球 14.64% 的能源消耗量仅换来了全球 4.95% 的 GDP 总量；2010 年中国经济总量已经占全球的 7.54%，而能源消耗量占全球的 17.43%[①]；2012 年中国经济总量达到 8.23 万亿美元，占全球的 11.48%，但是能源消费量达到 36.2 亿吨标煤，占全球能源消耗量的 20%[②]。2012 年中国单位 GDP 能耗为 4.4 吨标准煤/万美元，是世界平均水平的 2.5 倍、美国的 3.3 倍、日本的 7 倍。中国消耗 1 吨标准煤的能源所创造的经济总量为 2290 美元，而全球平均水平是 4090 美元，美国的水平是 5073 美元，日本则是 8183 美元。中国每新增 1 美元 GDP 所消耗的能耗相当于发达国家的 4~5 倍、日本的 13 倍，甚至是印度的 1.64 倍。

随着中国经济的快速增长和规模的不断扩大，能源消费量逐年提高，现已成为世界第二大能源消费国。1979—2000 年，中国能源消费平均增长率（4.11%）不到 GDP 平均增长率（9.66%）的一半，能源消费弹性小于 1，中国以较低的能源增长率实现了经济的高速发展。然而自 2001 年起，中国的能源消费增长突然大幅加速，过去 5 年能源消费总量超过了以往 20 年的总和。尤其是 2003—2005 年，能源消费的增长速度超过了经济的增长速度，平均增速达到了 13.9%。中国的能源消费处于快速增长态势，经济增长表现为以较高的能源消耗为代价，对能源的依赖在增加。自 1992 年中国能源供求矛盾恶化，成为能源净进口国以来，能源缺口日益恶化，特别是 2001 年以来恶化趋势明显加速（见图 1-3）。在中国能源弹性系数已经超过 1 的情况下，按照发达国家传统工业化道路的能源消耗模式计算，从 2000 年至 2020 年，中国 GDP 翻两番，一次能源消耗将从 13 亿吨至少增加到 52 亿吨，这是中国现有能源难以承受的。《中华人民共和国 2016 年国民经济和社会发展统计公报》显示，2016 年全年能源消费总量已达 43.6 亿吨标准煤，比上年增长 1.4%。一方面，人口急剧膨胀、能源严重短缺；另一方面，粗放型模式仍在继续，若不能顺利转型，不仅经济可能出现徘徊局面，对生态环境也将是一场灾难。作为一个发展中国家，中国必须权衡发展与能源消费及环境保护之间的关系。

---

① 数据来源：《中国能源统计年鉴》（2012）。
② 数据来源：中国工程院院士陆佑楣在 2013 能源峰会暨第五届中国能源企业高层论坛上的发言。

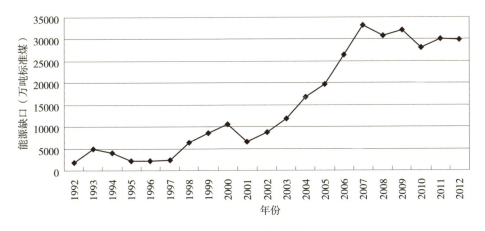

图 1-3 中国能源缺口

在中国能源消费结构中，不清洁能源煤炭的占比居高不下，虽然从 1978 年的 70.7%下降至 2012 年的 66.6%，但依然远高于国际平均水平（24.4%）40 多个百分点。据 2013 年《BP 世界能源统计年鉴》显示，2012 年中国在全球煤炭消费总量中的比例首次超过 50%，达到 50.2%。2016 年，虽然煤炭消费量比上年下降 2.0 个百分点，但煤炭消费量依然占能源消费总量的 62.0%。据林伯强、蒋竺均（2009）[1]对中国能源消费结构的预测，在有能源规划目标的约束下，到 2040 年煤炭消费占能源消费的比例将高达 56.11%。巨大的煤炭消费量导致中国二氧化碳、二氧化硫、氮氧化物、大气汞排放量高居全球首位。据预测到 2020 年，中国原煤缺口约为 11.74 亿吨[2]，石油和天然气缺口更大。

矿产资源是人类社会赖以生存和发展不可或缺的物质基础。从矿产资源总量来看，中国属于矿产资源大国，已探明的矿产资源总量约占世界的 12%，仅次于美国和俄罗斯，居世界第三位；但从人均资源拥有量来看，中国又是一个矿产资源贫国，位居世界第八十位。尤其是一些对经济发展具有重要战略性意义的矿产资源，人均拥有量远远低于世界平均水平。有 45 种矿产低于世界人均水平的 1/3，中国人均煤炭资源只相当于世界人均水平的 77%，石油、铁、铜、铅锌和铝土矿的人均拥有量分别仅为世界人均水平的 1/8、1/3、1/4、1/3 和 1/7。从 2003 年开始，中国消耗的约 50%的铁矿石和氧化铝、约 60%的铜、约 34%的原油依靠进口。国家有关镍、锰、铬等 19 种主要矿产资源只有 5 种可以或基本能满足中国经济需要，其他的都不同程度地依赖于进口。中国的资源安全受到越来越严峻的挑战，资源安全也将成为影响中国经济未来可持续发展的重要因素。

（2）经济发展造成生态环境恶化，增加了经济发展的环境成本，降低了发展质量，阻碍了经济的可持续发展。

中国 30 年的改革开放取得了西方国家 100 多年的经济成就，但也付出了沉重的环境代价。2013 年国际能源署的数据表明，2012 年全球的二氧化碳排放量上升了 1.4%，达到 316 亿吨；中国的碳排放占全球的 26.7%，增长 6%，已成为世界上最大的碳排放国，为全球碳排放量的增加"贡献"了 3 亿吨，但这已是过去 10 年中国碳排放量增长最缓慢的一次。中国在美国耶鲁大学和哥伦比亚大学联合推出的历次世界环境绩效指数 EPI（Environmental Performance Index）年度报告中排名持续偏后，2006 年在 133 个国家中位列 94 位，即倒数第 40 位；2008 年在 149 个国家中位列 105 位，即倒数第 45 位；2010 年在 163 个国家中位列 121 位，即倒数第 43 位；2012 年在 132 个国家中位居第 116 位，即倒数第 17 位。

水是生命之源，是人类生存与发展的基础，是经济社会可持续发展至关重要的基础资源。中国是全球 13 个人均水资源最贫乏的国家之一，水问题已成为 21 世纪制约中国经济和社会发展的最大的资源瓶颈之一。中国水资源总量为 2.8 万亿立方米，人均水资源量为 2186 立方米，仅为世界平均水平的 1/4，全国实际可利用的水资源量为 8000 亿到 9000 亿立方米。如此宝贵的水资源却受到严重的污染。2012 年，全国废水排放总量为 684.6 亿吨，是 2005 年的 1.4 倍，造成全国地表水国控断面总体为轻度污染。长江、黄河、珠江等十大水域的国控断面中，Ⅳ（人体不可触摸）—Ⅴ类（丧失了使用价值）和劣Ⅴ类水质的断面比例分别为 20.9% 和 10.2%，也就是说中国有 1/3 的水源无法作为饮用水水源。在全国 198 个城市 4929 个地下水监测点位中，地下水的质量明显恶化，较差和极差水质的监测点比例为 57.3%，而较好以上水质的监测点比例仅为 42.7%，前者较后者高近 15 个百分点。在海洋环境中，2012 年东海的部分渔业水域和珠江口水域出现无机氮和活性磷酸盐超标较严重的现象，而河北省海域则出现石油类超标较严重的现象。水污染已从河流蔓延到近海水域，从地表水延伸到地下水，水污染进一步加剧了水资源短缺的局面，导致资源型缺水与水质型缺水并存，使之对工农业生产乃至整个经济社会可持续发展的约束越来越明显。

人类生产活动的本质是人与自然界进行物质循环交流，社会生产过程伴生着液体、气体、固体形式的废弃物排放。当经济总量快速增长、有害物质排放成倍增加、环境自净能力难以维系时，生态环境恶化就不可避免。受传统经济发展模式的影响，目前中国生态环境形势日益严峻，废水排放总量超过环境容量的82%，化学需氧量超过环境容量的62%。单位GDP排放的氮氧化物，分别是美国的6.1倍、加拿大的5.7倍、澳大利亚的3倍、法国的11.9倍、德国的16.6倍、亚太经合组织国家的7.9倍。单位GDP排放的二氧化硫，分别是美国的8倍、加拿大的5倍、澳大利亚的2.8倍、丹麦的12.3倍、捷克的1.5倍、韩国的6.2倍、墨西哥的6倍、亚太经合组织国家的9.3倍。2012年，全国烟、粉尘排放总量为1235.77万吨，是2005年的1.2倍。在对325个地级及以上城市环境空气质量按照新的《环境空气质量标准》（GB 3095—2012）评价后，达标城市比例仅为40.9%。按环境空气质量新标准评价，在113个环境保护重点城市中，环境空气质量达标城市比例仅为23.9%，说明空气环境仍然处于较为严重的污染状态。由于燃煤量增加和二氧化硫排放量增加，酸雨控制区面积在扩大、浓度在增加，不少地区呈现污染加重趋势。随着煤炭消耗量和汽车尾气排放量的增加，中国酸雨污染还将由硫酸型向硫酸和硝酸混合型转变，2012年全国酸雨污染程度依然较重，酸雨分布区域面积约占国土面积的12.2%。

随着工业化、城镇化和农业现代化的不断推进，中国环境污染出现新的变化，农村环境形势日趋严峻。突出表现为工矿污染压力加大，生活污染局部加剧，畜禽养殖污染严重。2012年全国试点村庄984个地表水水质监测断面（点位）中，Ⅳ—Ⅴ类和劣Ⅴ类水质断面比例分别为23.2%和12.1%，超过1/3的地表水无法作为饮用水水源。

2012年，全国城市垃圾产生量高达1.7亿吨，其中61%为简易填埋。根据住建部的调查数据，目前全国有1/3以上的城市被垃圾包围，全国城市垃圾堆存累计侵占土地75万亩，造成土壤、地下水的二次污染和资源浪费。

生态环境恶化造成了巨大的经济损失，中国经济发展的环境代价持续上升，生态环境污染治理压力日益增大。自20世纪90年代中期以来，中国经济增长中有 2/3 是在环境污染和生态破坏的基础上实现的。生态环境日益恶化还给未来经济社会可持续发展构成严重阻碍，使经济安全风险增大。《中国绿色国民经济核算研究报告 2004》显示，2004 年中国因环境污染造成的经济损失为 5118 亿元，占当年 GDP 的 3.05%。2012 年全国环境治理投资 8253.5 亿元，是 2005 年的 3.6 倍。其中，工业污染治理投资 500.5 亿元，是 2005 年的 1.1 倍。环境保护部环境规划院《2009 年中国环境经济核算报告》显示，自 2004 年以来基于退化成本的环境污染代价从 5118.2 亿元提高到 9701.1 亿元，2009 年环境退化成本和生态破坏损失成本合计 13916.2 亿元，较上年增加 9.2%（而同期 GDP 增长率为 8.7%），约占当年 GDP 的 3.8%。

（3）人口红利逐渐消失，人力资本结构性矛盾突出。

2010 年第六次全国人口普查公报显示，0～14 岁人口占 16.60%，比 2000 年人口普查下降 6.29 个百分点；60 岁及以上人口占 13.26%，比 2000 年人口普查上升 2.93 个百分点，其中 65 岁及以上人口占 8.87%，比 2000 年人口普查上升 1.91 个百分点。中国人口结构的变化，说明随着经济社会的快速发展，老龄化进程逐步加快。《中国财政政策报告 2010/2011》指出，2011 年以后的 30 年里，中国人口老龄化将呈现出加速发展的态势，到 2030 年，中国 65 岁以上人口占比将超过日本，成为全球人口老龄化程度最高的国家。据 OECD 预测，中国的人口红利大约在 2013 年达到顶峰，此后将处于缓慢下降的状态。此外，中国目前有技术工人约 7000 万人。其中，初级工所占比例为 60%，中级工所占比例为 35%，高级工所占比例仅为 5%；而在西方国家中，高级技工占技术工人的比例通常要超过 35%，中级工占 50% 左右，初级技工仅占 15%。中国人口红利的丧失、人力资本结构性矛盾的变化已经成为中国经济实现可持续发展所无法回避的重要问题。

可以说，转变经济发展方式、实现经济可持续发展是在国内外发展环境发生深刻变化的背景下对中国经济提出的必然要求，是中国突破"中等收入陷阱"的重要着力点，已成为中国经济转型期的"一票否决项"，并已逐渐取得中央和地方的普遍共识。1992 年，中国政府向联合国环发大会提交的环境与发展报告，首次系统地阐述了中国可持续发展的基本立场和观点。1996 年，"九五"计划和 2010 年远景目标纲要，把可持续发展作为一条重要的指导方针和战略目标。2002 年，党的十六大把"可持续发展能力不断增强"作为全面建设小康社会的目标之一，将保护自然资源环境作为可持续发展的基础。2005 年，"十一五"规划再次强调转变经济增长方式，提出要形成低投入、低消耗、低排放和高效率的节约型增长方式，要求大力发展循环经济，建设资源节约型、环境友好型社会。2007 年，党的十七大提出加快转变经济发展方式，促进经济增长由主要依靠增加物质资源消耗向主要依靠科技进步、劳动者素质提高、管理创新转变。2010 年，"十二五"规划纲要指出，面对日趋强化的资源环境约束，加快构建资源节约、环境友好的生产方式和消费模式，增强可持续发展能力，要求坚持把建设资源节约型、环境友好型社会作为加快转变经济发展方式的重要着力点，促进经济社会发展与人口资源环境相协调，走可持续发展之路。2012 年，党的十八大提出"要以科学发展为主题，全面推进经济建设、政治建设、文化建设、社会建设、生态文明建设，实现以人为本、全面协调可持续的科学发展"。2013 年 3 月 17 日，十二届全国人大一次会议闭幕后，国务院总理李克强在与中外记者见面并回答记者提问时提出打造"中国经济升级版"，他在介绍施政目标时说："关键在推动经济转型，且使经济发展的质量和效益有提升，环境保护和资源节约有新改善，打造中国经济的升级版。"2013 年 4 月 15 日，李克强总理主持召开新一届政府首次经济形势专家和企业负责人座谈会上又一次强调："更加注重提高发展的质量和效益，把力气更多地放在推动经济转型升级上来。"可以看出，从实现可持续发展到可持续发展，再到打造"中国经济升级版"，其核心理念和发展诉求是一脉相承的，就是实现从"加快发展"向"科学发展"转变，从"黑色发展"转变为"绿色发展"，保持经济的可持续性（胡鞍钢，鄢一龙，杨竺松，2013）[3]。

尽管改革开放以来中国经济经历了高速增长阶段，但依然没有走出资源型经济增长路线，传统的以"高投入、高消耗、高污染、低质量、低效益、低产出"以及"先污染、后治理""先破坏、后整治"为特征的发展方式继续占领着主导地位，环境污染和资源匮乏是悬在中国经济可持续增长头上的两把利剑。

能源、环境与经济的协调发展是中国经济实现可持续增长的重要保证。如何使中国在新时代走上经济可持续增长之路已经成为人们关注的话题。未来随着经济的高速增长，中国面临的环境、能源压力也将持续增加。当经济增长所造成的环境压力超越了环境承载能力时，环境的恶化就会进入一种不可逆转的状态。此时，经济可能出现徘徊局面，对生态环境而言也将是一场灾难。因此，经济增长与环境恶化、能源有效利用的两难冲突已经引起人们对中国可持续发展的重新思考，能源、环境与中国经济可持续发展问题的研究已成为经济学界的一个重要课题。

根据经济理论，经济增长是生产要素的积累、资源利用的改进或要素生产率提高的结果。因此，经济增长的动力来源主要可以分为两种：第一，要素投入量的增长和要素生产率的提高对经济增长的贡献。新古典增长理论认为以要素扩张型为主的粗放经济增长不可持续，只有生产率不断得到改善的集约经济增长才是可持续的。通常来说，在经济粗放式发展阶段，劳动和资本等要素投入的增长对经济增长的贡献比较大，通过发展劳动密集型产业和大规模增加资本投入可以实现经济的快速增长。第二，随着经济的发展，在边际效用递减的作用下，劳动和资本等要素对经济增长的贡献接近一个定值，而此时技术进步对经济增长的作用变得越来越重要。例如，林毅夫（Lin，2004）[4]认为技术进步是判断经济增长是否可持续的重要指标。

长期以来，中国的经济增长方式呈现出粗放型的特点，集中表现为经济增长长期由大量资本、能源及原材料、劳动力投入推动，而技术进步或全要素生产率增长对经济增长的贡献比较低。这引起了关于中国经济增长动力来源与可持续性的激烈争议。以高投资、高消耗、环境代价高、劳动密集为特点的要素扩张型经济增长方式被国外学者描述为"不可持续的增长"，只有生产率不断得到改善的集约型增长才是可持续的（Krugman，1994[5]；Young，1995[6]；Zheng et al.，2007[7]）。因此，中国必须尽快转变经济增长方式。然而，长期以来已有的研究很少考虑能源和环境因素对经济增长造成的影响，背离了可持续发展概念是由对于能源与环境问题的担忧而催生的现实。

如何在能源、环境约束下推进经济发展，提高经济增长质量，走可持续发展的道路是中国政府面临的重大问题。面对国际趋势和国内形势的新挑战，中国政府对产生的问题以及国情有了清醒的认识，提出中国经济走进新时代，要求转变粗放型的经济增长方式，建设生态文明社会，走资源节约型、环境友好型的发展道路。本书正是在这种背景下，重新思考能源、环境约束下中国经济增长的可持续性问题与经济增长动力问题。意在通过理论和实证研究，用翔实的数据资料、科学的分析手段，透过现象探究本质，既能为政府部门制定经济社会发展的方针政策提供决策参考，又能推动相关学术理论的发展，同时呼唤人们改变传统的经济增长观念。

推进经济可持续发展是破解当前中国经济与资源束缚、环境恶化困境的根本途径，但是中国倡导可持续发展已经20多年，经济发展与资源、环境保护不平衡、不协调、不可持续的矛盾和问题仍很突出，且在区域间呈现出多元化、复杂化的倾向，建设资源节约型、环境友好型社会任重道远。究其原因，一是中国发展的内外部环境发生了深刻变化，2008年中国人均GDP突破3000美元，开始进入工业化中后期。根据霍夫曼定理，重工业或资本品工业（或生产资料工业）比重显著上升，即出现"重工业化"，而中国工业部门产生的污染物排放量占总排放量的83.1%，中国环境面临新的挑战。二是中国地区差异大，资源禀赋不同，经济发展的客观基础不同，同时各地经济发展水平和社会管理能力也不同。三是可持续发展的质量和效益有待提高，而绿色发展效率是评价发展质量的基本标准，效率要求用尽量少的耗费取得尽量多的发展成果，表征绿色发展的综合情况，而不是仅仅看其发展总量，所以效率的改善是保证经济又好又快发展的基本路径。因此，科学地研究效率提高对绿色可持续发展的作用和影响，全面分析中国绿色发展效率现状及区域差异、影响机制，准确把握绿色发展效率演变规律，对于探索环境治理的科学方法，制定有针对性的提高绿色发展质量和效益的政策措施，建设资源节约型、环境友好型社会，促进我国经济保持可持续发展无疑具有重大的理论意义和实践意义，这亦是本书的出发点和落脚点。

1.1.2 研究意义

能源、环境与经济增长是当今世界各国最为关心的问题之一。近年来，在中国经济高增长中所表现出来的要素驱动型的经济增长模式、中国的经济生产率，以及日益加剧的能源消费矛盾、环境污染问题的研究中，虽然在各自领域的工作都得出了相当一致的结论，但还缺乏一个统一完整的框架将经济增长方式与能源、环境问题结合起来进行经济分析研究。本书将能源与污染因素同时纳入生产函数及全要素生产率的框架，把探求适合中国国情的能源、环境与经济可持续发展道路作为研究目标，研究能源消费、污染排放约束下的中国经济可持续增长问题以及经济高速增长的驱动因素，对于正确认识中国目前所处的发展阶段、指导制定正确的宏观经济政策、实现经济持续增长，分析中国经济可持续发展战略和科学、合理的能源消费与环境保护政策，无疑具有一定的理论创新价值和现实指导意义。

（一）理论意义：丰富中国经济可持续发展的研究方法和研究内容

经济增长理论在现代西方经济学中具有极其重要的地位，以至各个时期的经济学家都把它作为重要问题进行探讨。两百年来，经济学家们不遗余力地探索经济增长的秘密，寻找经济增长的动因。正如卢卡斯（1988）[8]所言，"人们一旦开始思考这一问题，就很难再思考其他的问题"。正因为如此，现代经济增长理论从其正式形成开始，其发展虽然不过短短几十年，但有关经济增长的研究却可以说是汗牛充栋，而且还在继续。综观主流经济增长理论的发展，根据不同时期经济发展的特征，劳动、资本、技术、人力资本乃至制度等要素先后进入经济学家的视野，成为经济增长的内生变量，以"正宗"和"主导"地位走进主流经济学经济增长模型的殿堂。而资源环境却总是被假设为能够相互替代或被"其他生产要素"所替代，"资源问题"被单纯地演绎为"生产成本问题"，这几乎成了所有经济增长模型的前提。无论是古典、新古典还是内生增长理论，在研究经济增长问题时大都回避了能源资源、环境对经济增长的约束作用，忽视了经济增长的质量，这构成了以市场为主要研究对象的现代经济增长理论所固有的缺陷。

直到20世纪70年代以后，人口膨胀、不可再生资源的过度消耗，生态环境的不断恶化，极大地困扰了经济的稳定增长，甚至危及人们的生存，使人类的可持续发展面临严峻挑战。为了寻求一种建立在自然资源和环境可承受能力基础上的经济增长方式，经济学家进行了不懈的探索，提出了大量包含能源资源、环境因素的经济增长模型，极大地丰富了增长理论和环境经济学的内容。

因此，在资源、环境问题变得越来越严重的今天，能源、环境约束下的经济增长必然是当前经济增长理论的主要研究内容。本书对能源消费、污染排放与中国经济增长问题的探讨是基于经济增长理论的分析框架展开的，尤其是内生增长理论的框架。尽管众多文献分析了能源约束、环境约束与经济增长的关系，然而同时将能源和环境质量引入生产函数和效用函数，考虑能源持续利用和环境污染治理的内生技术变化的经济增长模型的文献仍不多见。对中国能源、环境约束下的经济增长问题进行研究有助于人们客观而全面地对当前的经济发展进行评价，为政府各项经济发展政策的制定提供一定的经济学依据。

（二）实践意义：为提高中国经济发展质量和效益提供理论支撑和决策参考

在实践上，本书的研究适应现实的需要。事实上，能源、环境问题不仅是一个经济问题，影响经济发展的数量和质量，而且也是一个社会问题和国际问题，影响社会稳定和国际关系。中国政府很早就注意到了能源、环境对经济增长的约束，围绕粗放型经济增长方式的转变一直不停地进行着尝试，而且也取得了良好的效果。但从现实来看，并没有从根本上解决能源、环境与经济的可持续发展问题，粗放型的经济发展方式造成能源的巨大浪费和过度开采，使能源面临短缺、环境面临持续压力，从而使经济增长面临能源、环境的双重约束。

作为一个最大的发展中国家，中国不仅应该重视经济发展的数量，更应该关注能源、环境双重约束下经济发展的质量。因此，本书选择代表经济增长方式的 TFP 为研究对象，将能源与环境因素纳入全要素生产率进行分析，在此基础上对经济增长进行分解，考察能源、环境双重约束下中国经济高速增长的可持续性问题和驱动因素，这项研究可以使人们更清楚地认识经济增长所受到的资源环境约束，更清楚地认识经济发展与能源、环境的内在关系，这些认识能够帮助人们今后制定更为完善的经济发展战略方针，从而促使中国经济沿着持续、快速、健康的方向发展。

由于中国的各区域发展水平处于不同阶段，各个区域经济系统各不相同，使得对中国经济可持续发展区域差异和影响机制的分析和研究成为我国提高经济可持续发展能力的决策支持系统，为制定差异化的政策提供了可行依据，有效地避免了"一刀切"，使提高经济发展质量的政策措施具有指导性、可行性和有效性，为提高经济发展质量、实现可持续的发展提供科学依据和理论支撑。中国能不能走上一条可持续发展的道路，不仅对中国自身发展至关重要，甚至对世界未来发展都将产生深远的影响。正是在这一背景下，笔者选择这个方向作为研究的选题，试图对能源、环境双重约束下的中国经济可持续增长问题以及经济高速增长的驱动因素进行分析，并在此基础上提出建议。

1.2 研究方法与研究思路

1.2.1 研究方法

本书采用理论分析与实证分析相结合、定性分析与定量分析相结合的研究方法，并在各个层面与侧面上各有侧重，尤其注重计量经济方法的运用，能够实现方法上的创新。在理论模型上，主要方法是内生经济增长理论及发展经济学分析方法；在设计总体框架时，还用到系统分析方法。这些定量分析将与理论推论的定性分析相结合，对能源、环境双重约束下的中国经济增长进行深入的研究。

第一，理论分析方法。本书交叉运用宏观经济学、微观经济学、环境经济学、动态最优化方法中的相关理论对能源、环境双重约束下的中国经济增长进行研究。虽然理论分析结论在很大程度上依赖于模型的假设条件，但理论研究在逻辑方法和思维路径上的亮点及对事物的敏锐洞察力使其成为研究内容的一个必要组成部分。鉴于此，本书以 R&D 型内生经济增长理论为基础，拓展并构建了一个基于产品种类扩张、考虑能源持续利用和环境污染治理的内生技术变化的经济增长模型，同时将能源和环境质量引入生产函数和效用函数，并运用最优控制方法求解经济可持续增长的条件，进一步揭示能源消耗速率、污染治理与经济可持续增长之间应该满足的动态关系。这证明了基于能源和环境双重约束下经济持续增长的可能性等，都是理论分析方法的具体应用。

第二，实证分析的研究方法。首先，基于单一污染物难以表达环境污染状况的不足，基于污染物的"复合型"污染特征，提出了能够代表整体环境状况的污染排放指数，从整体视角出发，围绕"用什么评价、怎样衡量"这条主线，构建中国省域污染排放综合评价体系。选取与工业生产和生活排放有关的污染物指标，采用基于动态视角的"改进的纵横向拉开档次"综合评价方法，测度 1991—2012 年中国 30 个省份及地区（除西藏和港澳台外）的整体污染排放状况，计算在截面和时间维度均可比的污染排放指数，并进行动态排序。其次，考虑到污染排放的动态累计效应，在动态面板数据的基础上，将改进的 STIRPAT 模型与 EKC 假说相结合，利用系统 GMM 估计方法分类研究不同污染排放水平的影响机制。最后，分别运用引入能源、环境的非参数经济增长核算框架与重力模型，从时间和空间双维度探寻了中国经济增长动力转换与转移的动态轨迹，为转变经济增长方式提供了新思路。

总之，在对能源、环境双重约束下中国经济增长问题的研究中，本书是以基本理论分析为基础，以可信的假设为前提，以现代综合评价方法、计量经济学方法、数据包络分析方法为主要手段，突出能源、环境双重约束下经济增长问题的实证分析是本书研究方法上的特色。

1.2.2 研究思路与技术路线

（一）研究思路

本研究严格遵循提出问题、理论模型分析、实证检验、政策建议的研究思路，以能源、环境双重约束下的经济可持续发展为研究对象，理论与实证并重，探讨环境、能源双重约束下经济增长的可持续性与动力问题。在理论上，较为深入地探讨了能源、环境与经济的关系，在前人研究的基础上，克服已有的缺陷，拓展并构建了一个基于产品种类扩张、考虑能源持续利用和环境污染治理的内生技术变化的经济增长模型，同时将能源和环境质量引入生产函数和效用函数，运用动态经济学、数理经济学的分析方法证明和求解能源、环境双重约束下经济持续增长的可能性以及条件。在实证上，首先运用一种基于整体差异的客观综合评价方法，对中国 30 个省及地区 1991—2012 年的污染排放指数进行测算，计算在截面和时间维度均可比的污染排放指数，并进行动态排序；其次考虑到污染排放的动态累计效应，在动态面板数据的基础上，将改进的 STIRPAT 模型与 EKC 假说相结合，利用系统 GMM 估计方法分类研究不同污染排放水平的影响机制，消除了前人以单一污染物描述环境质量的缺陷；最后基于非参数环境生产前沿模型将经济增长的动力进行分解，说明中国经济增长源泉的变化，借以判断中国经济增长的可持续性。

（二）技术路线

本书技术路线如图 1-4 所示。

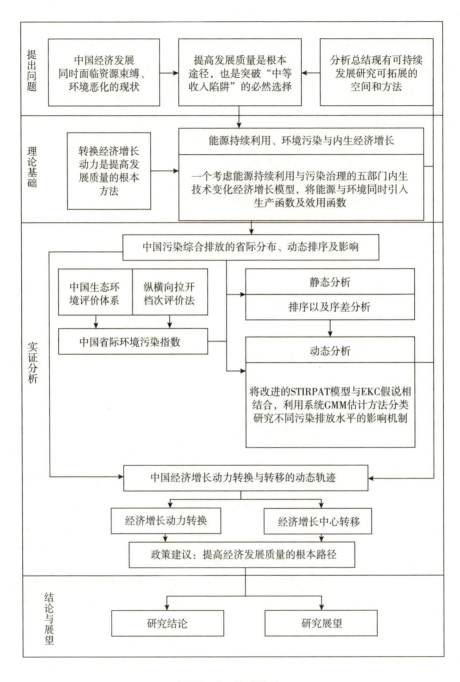

图1-4 技术路线

1.3 研究内容与主要创新

1.3.1 研究内容

本书以能源、环境双重约束下的中国经济的可持续发展为主线，系统地研究了能源、环境双重约束下中国经济增长的可持续性及动力问题。首先，拓展并构建了一个基于产品种类扩张、考虑能源持续利用和环境污染的内生技术变化的经济增长模型，将能源和环境质量同时引入生产函数和效用函数，证明了基于能源、环境双重约束下经济持续增长的可能性；其次，在能够代表环境污染综合水平的污染排放指数核算的基础上，选择了能够代表经济增长方式的全要素生产率为研究对象，利用基于非参数环境生产前沿模型将经济增长进行分解，以判断中国经济增长的可持续性以及动力所在。具体而言，本书各章的主要内容如下。

第1章：绪论。阐述本书的研究背景、研究意义、研究方法、逻辑框架，提出本书的主要研究内容和主要特色与创新之处。

第2章：文献综述。分别对能源、环境与经济增长关系的国内外理论进展和实证研究进行了较为全面的回顾与述评。

第3章：能源持续利用、环境污染与内生经济增长。在前人研究成果的基础上，运用动态经济学和数理经济分析方法，拓展并构建了一个基于产品种类扩张、考虑能源持续利用和污染治理的内生技术变化的经济增长模型，同时将能源、环境质量作为独立要素引入生产函数和效用函数，证明了基于能源、环境双重约束下经济持续增长的可能性，并求解了能源、环境双重约束下经济持续增长的路径和条件，探讨我国能源、环境约束下经济增长的途径。

第4章：中国污染综合排放的省际分布、动态排序及影响机制。在前人运用单一污染物表示环境质量存在缺陷的基础上，提出了污染排放指数的概念。从整体视角出发，围绕"用什么评价、怎样衡量"这条主线，构建中国省域污染排放综合评价体系。选取与工业生产和生活排放有关的污染物指标，采用基于动态视角的"改进的纵横向拉开档次"综合评价方法，测度中国30个省份及地区（除西藏和港澳台外）的整体污染排放状况，计算在截面和时间维度均可比的污染排放指数，并进行动态排序。最后考虑到污染排放的动态累计效应，在动态面板数据的基础上，将改进的 STIRPAT 模型与 EKC 假说相结合，利用系统 GMM 估计方法分类研究不同污染排放水平的影响机制。

第 5 章：中国经济增长动力转换与转移的动态轨迹研究。分别运用引入能源、环境的非参数经济增长核算框架与重力模型，从时间和空间双维度探寻了中国经济增长动力转换与转移的动态轨迹，为转变经济增长方式提供了新思路。

第 6 章：结论与展望。归纳全书的主要结论，提出能源、环境双重约束下中国经济增长的建议，提出下一步研究的方向。

1.3.2 主要创新

经济增长与能源、环境的关系研究已经成为经济、能源、环境领域一个新的交叉研究方向，成为经济、能源、环境领域的研究热点。近年来，研究经济增长与环境之间的关系主要集中在 EKC 曲线，对 EKC 曲线展开的理论和实证研究有很多；研究经济增长与能源之间的关系主要集中在能源消费与经济增长的因果关系上，基于能源、环境双重约束下的中国经济增长是宏观经济与能源、环境的另外一个切入点，从经济增长方式的角度去研究经济增长和能源、环境的关系，特别是通过基于能源、环境双重约束下的全要素生产率变动及其对经济增长动力分解的研究，能够帮助人们更清楚地认识经济增长与能源持续利用、环境保护之间的本质，发现中国经济增长的动力，具有一定的创新意义。总结本书在理论观点、分析模型、测算方法上的创新之处，主要有以下四点。

（1）拓展并构建了一个基于产品种类扩张、考虑能源持续利用和环境污染治理的内生技术变化的经济增长模型，同时将能源和环境质量引入生产函数和效用函数，证明了基于能源和环境双重约束下经济持续增长的可能性，并求解了能源和环境双重约束下经济持续增长的路径和条件是由公式 $u < 1 - \dfrac{\sigma}{\pi H}$，$b > \dfrac{\varphi}{1 + \varphi}$ 和 $\dfrac{(a + b)(1 + \varphi)}{\varphi} > \varepsilon > 1$ 共同确定。

（2）基于单一污染物难以全面表达环境污染状况的不足，提出了能够代表整体环境质量的污染排放指数。从整体视角出发，围绕"用什么评价、怎样衡量"这条主线，构建中国省域污染排放综合评价体系。选取与工业生产和生活排放有关的污染物指标，采用基于时序动态视角的"改进的纵横向拉开档次"综合评价方法，测度中国 30 个省份及地区（除西藏和港澳台外）的整体污染排放状况，计算在截面和时间维度均可比的污染排放指数，并进行动态排序；最后考虑到污染排放的动态累计效应，在动态面板数据的基础上，将改进的 STIRPAT 模型与 EKC 假说相结合，利用系统 GMM 估计方法分类研究不同污染排放水平的影响机制。

（3）以传统的全要素生产率为基础，提出了能源、环境双重约束下的全要素生产率，运用引入能源、环境的非参数经济增长核算框架对中国 30 个省及地区的环境、能源双重约束下的绿色全要素生产率变动做了测算。为正确判断一个地区的经济发展模式和经济发展地位提供了决策和评判依据，也促进了全要素生产率理论的发展。

（4）建立了一个非参数经济增长核算框架，将环境、能源双重约束下的经济增长动力进行完全分解，以弥补 M 指数和 L 指数测算的缺陷，使分解结果更为准确，考察了中国经济增长源泉的变化，借以判断中国经济增长的可持续性，并且利用重力模型，从时间和空间双维度探寻了中国经济增长动力转换与转移的动态轨迹，为转变经济增长方式提供了新思路。

总的来说，本书的创新都是建立在前人的研究基础之上，只有立足于已有的研究成果，才可能推陈出新，也许本书最大的创新就是有机地处理了继承和创新的关系。

2 文献综述

经济发展与能源耗竭、生态环境保护的两难矛盾一直是备受争议的话题。随着社会生产力和科学技术的飞速发展，人类改造自然的规模空前扩大，从大自然（人类生存环境）中索取的资源越来越多，向大自然排放的废弃物也与日俱增，导致大多数自然资源短缺与不断耗竭、环境污染与生态破坏日趋严重，资源与环境问题成为人类面临的重要问题之一。1981年福格特的《生存之路》指出人类进入现代工业社会后，人口、经济与能源、资源、环境之间应平衡发展[9]；1962年卡尔逊的《寂静的春天》也引起了人们对能源、环境与经济发展的关注[10]；1972年罗马俱乐部就提出了"增长极限说"（Meadows et al.，1972）[11]，认为经济增长受不可再生且存量有限的自然资源的制约而不可长期持续。20世纪70年代两次石油危机似乎证实了梅多斯等人所得出的结论。这引起越来越多经济学家的关注，能源、经济与环境的关系问题逐步得到重视。于是，和所有以前经济理论的演变原因一样，随之而来的是经济理论上的变化，从一个输入输出非限制的经济学变成一个存在限制性因素的经济学。能源因素、环境污染终于被逐步谨慎地纳入主流增长模型中，这在一定程度上表示经济学家开始关注能源、环境污染对经济增长的约束作用，由此产生了大量的理论和实证研究文献。

2.1 理论研究

2.1.1 含有能源因素的经济增长模型

从西方经济增长模型的发展和演变来看，在早期，能源一直游离于生产函数和经济增长模型之外。综观主流经济增长理论的发展，根据不同时期经济发展的特征，劳动、资本、技术、人力资本乃至制度等要素先后进入经济学家的视野，成为经济增长的内生变量，以"正宗"和"主导"地位走进主流经济学经济增长模型的殿堂。然而，能源（甚至所有资源）作为一种极其重要甚至最为重要的物质资本，往往因为可以被其他要素所替代（在主流经济学家看来）而根本不被重视，只被看作原材料的一部分而已。特别是在早期的工业化之前甚至更晚一些，在生产力不够发达、工业化需求不存在任何能源约束的时代，能源甚至因为表面上看起来用之不竭（至少现实中表现为这样）而微不足道。直到 20 世纪 70 年代，连续两次"石油危机"的出现，终于使人们开始意识到曾经长期忽略的东西——能源资源——恐怕不是一种无代价的生产要素，能源资源的稀缺性意味着人类对能源的索取必然存在限制。

（一）新古典经济增长模型

为了应对 OPEC 的挑战和罗马俱乐部的悲观论调，经济学家开始把能源、自然资源等问题引入新古典增长理论中来。Rashe 和 Tatom（1977）[12]首次将资源耗竭引入柯布－道格拉斯生产函数（Cobb－Douglas Production Function），试图寻求耗竭资源利用与长期经济增长之间的基本规律，为研究经济增长和能源关系提供了全新的视角；Hartwick（1977）[13]则从社会总财富代际公平的角度去衡量耗竭资源的最优分配，主张用总资本存量指标来度量可持续发展，并提出著名的 Hartwick 准则；Dasgupta 和 Heal（1974，1979）[14,15]、Stiglitz（1974）[16]、Solow（1974）[17]以及 Garg 和 Sweeney（1978）[18]等运用新古典增长模型（Ramsey－Cass－Koopmans 模型），基于当时矿物能源占据主导地位、可再生能源微不足道的事实，对不可再生资源的最优开采、利用路径及其对长期经济增长的限制进行了分析，并且得出了相对乐观的研究结论：一定技术条件下，即使自然资源存量有限，人口增长率为正、人均消费持续增长仍然是可能的。以新古典分析为框架的研究尽管注意到技术进步对经济增长中长期的积极效应，但由于在他们的模型中，技术进步都是外生给定的，这引起了广泛的争议。

（二）内生经济增长模型

20世纪80年代，以Romer（1986，1990）[19,20]、Lucas（1988）[21]、Stokey（1988）[22]、Grossman和Helpman（1991）[23]、Rebelo（1991）[24]、Aghion和Howitt（1992）[25]等人为代表的内生增长模型的出现，摆脱了新古典模型中长期人均增长率被外生技术进步所盯住的束缚，由于内生增长可以克服递减的物质资本报酬，使得分析长期经济增长成为可能，在解释现实上显得更有说服力。伴随着内生增长理论的发展，经济学家们通过将能源资源等作为内生要素引入生产函数或效用函数，从而在内生增长模型的框架下来讨论能源耗竭与经济可持续发展的问题。结果显示：如果技术进步足够有效，人均产出具有正的最优增长率是可行的。

在国内，蒲勇健（1997）[26]应用内生经济增长模型较早地对经济可持续增长的内在机制做了初步研究；王海建（1999a，1999b，2000a，2000b）[27-30]分别利用Romer的技术内生经济增长模型和Lucas的人力资本积累内生经济增长模型，将耗竭性资源纳入生产函数，并考虑环境外在性对跨时效用的影响，讨论了资源利用、人均消费与环境质量在长期增长过程中的相互关系；马利民、王海建（2001）[31]利用Romer的R&D内生经济增长模型，建立了一类含耗竭性资源投入的内生经济增长模型；刘凤良、郭杰（2002）[32]在Romer的模型中引入可耗竭资源，集中考察资本积累与可耗竭资源消耗之间的联系；杨宏林、田立新、丁占文（2004）[33]在卢卡斯模型中纳入能源生产要素进行了分析；彭水军、包群、赖明勇（2005）[34]通过将不可再生资源引入生产函数，构建了一个基于产品种类扩张型的四部门内生增长模型，系统地分析了在自然资源不断耗竭的条件下内生技术进步促进长期经济增长的内在机理；彭水军、包群（2006）[35]通过将存量有限且不可再生的自然资源引入生产函数，构建了一个产品种类扩张型的四部门内生增长模型，探讨了在人口增长、自然资源不断耗竭的约束条件下内生技术进步促进长期经济增长的动力机制；陶磊、刘朝明、陈燕（2008）[36]建立了一个包含可再生资源的内生增长模型，研究认为可持续增长不能单方面强调技术进步，对可再生资源的合理利用也是实现可持续增长的有效途径；彭水军（2007）[37]发展了一个基于水平创新的四部门内生增长模型，探讨了人口增长、自然资源耗竭、内生技术进步与长期经济增长的关系；

许士春、何正霞、魏晓平（2008）[38]借鉴 Romer 的 R&D 内生经济增长模型，将耗竭性资源纳入生产函数，建立了一个四部门内生经济增长模型，探讨了在资源约束下的最优增长路径；丁晓钦、尹兴（2010）[39]借用一个资源约束不断加深的经济增长模型，重点分析资源开采成本、环境质量要求、污染税对经济增长的影响；肖文、唐兆希（2011）[40]基于新熊彼特垂直创新的思想，构建了不可再生能源约束下的四部门内生增长模型，较为完整地分析了能源消耗、研发创新与经济可持续增长之间相互作用的内在机理；马颖（2012）[41]在技术进步、人力资本内生化的内生经济增长思想基础上，在耗竭性资源约束之下，建立了一个简单的内生经济增长模型，把耗竭性资源引入生产函数，完整地刻画了自然资源耗竭、人力资本、研发创新与经济可持续增长的内在机理，将内生增长理论与资源可持续发展相结合，认为技术的增长与人力资本的最大积累率有关系，而不是简单地由人口的增长率所决定的。

2.1.2 含有环境因素的经济增长模型

20 世纪 70 年代以来，世界各国尤其是发展中国家，在工业化推动的经济增长中，人口膨胀、不可再生资源的过度消耗、生态环境的不断恶化，极大地困扰了其经济的稳定增长，甚至危及人们的生存，使人类的可持续发展面临严峻挑战。为了寻求一种建立在自然资源和环境可承受能力基础上的经济增长方式，经济学家进行了不懈的探索，提出了大量包含环境因素的经济增长模型，极大地丰富了增长理论和环境经济学的内容。

（一）新古典增长模型

20 世纪 70 年代，为了应对石油危机的挑战和以米德斯为首的"罗马俱乐部"的悲观论调，经济学家开始把能源、自然资源和环境污染等因素引入 Ramsey - Cass - Koopmans 模型中分析它们对经济长期稳定增长的影响。Keeler、Spence、Zeckhauser（1971）[42]、D'Arge 和 Kogiku（1973）[43]、Gruver（1976）[44]、Forster（1977）[45]、Becker（1982）[46]、Tahvonen 和 Kuuluvainen（1993）[47]、Selden 和 Song（1995）[48]、Stokey（1998）[49]等人将污染因素引入 Ramsey - Cass - Koopmans 模型中分析环境污染与经济长期稳定持续增长的关系。正如 Keeler、Spence 和 Zeckhauser（1971）[42]指出，在构建包含环境污染

因素的新古典经济增长模型时，对污染因素的假设一般要考虑两个问题：第一，污染影响消费还是产出，还是同时影响；第二，污染以流量形式还是以存量形式进入代表性消费者的效用函数或生产函数之中。一般地，污染都直接进入效用函数，并假定其边际效用为负；而进入生产函数中的污染往往被假定为产出的副产品，影响消费者的效用。这一类模型预测结果大都支持来自实证研究的倒 U 形环境库兹涅茨曲线（EKC）假说。如 Lopez（1994）[50]、Selden 和 Song（1995）[48]、McConnell（1997）[51]、Kriström（1998，2000）[52,53] 等，将环境同资本、劳动力和技术进步一样纳入新古典增长模型，分析它对长期稳态增长率的影响（这时稳态增长率一般低于未考虑环境的稳态增长率），深化了对经济增长问题的认识，使模型更好地接近现实，也使人们认识到环境因素同其他经济增长因素类似，对经济的可持续增长有重要作用；同时也开创了在新古典框架下分析环境问题的先河，不仅丰富了经济增长理论，也使环境经济学增加了一个有力的分析工具。

另外一类视环境为要素的新古典增长模型，它首先假定环境因素分解为环境污染和环境本身，且污染为流量，环境为环境资源存量或加总的环境质量。虽然环境有许多维度，但是进入新古典生产函数和代表性消费者效用函数中的环境资源存量或总的环境质量往往被假定为一种资本品，且随着环境污染其存量会递减甚至耗尽，但其自身由于自然界自我净化作用而具有再生能力。因环境污染的负外部效应，使得完善的产权保护（源于环境的公共性）和有效的市场交易机制（由于环境的外部性）成为决定环境质量是否随着经济增长不断恶化的关键因素。当环境资源存量作为投入要素进入生产函数时，这类增长模型的稳态增长路径分析变得更为复杂，与前一类模型相比，最优污染税或环境标准仅是维持最优环境质量标准的必要条件，而不再是充分条件。与前一类模型相比较，此类模型的优点是明显的：对环境因素分解后更符合实际情况。因此得到的模型更精致，也更有解释能力和说服力，其影响也更大，引用更为广泛。

（二）内生增长模型

20 世纪 80 年代中后期，Romer（1986，1990）[19,20]、Lucas（1988）[21] 等人提出内生增长模型，摆脱了新古典增长模型的长期人均增长率被外生技术进步率所决定的束缚，使得分析长期增长路径及其决定因素成为可能。这一切主要源于内生增长模型对新古典模型生产函数中投入要素边际报酬递减这一关键核心假设的放松。Jones 和 Manuelli（1990）[54]、Rebelo（1991）[55]等认为，尽管资本不断积累会导致资本边际产品递减，但其不会像新古典增长模型假定的那样趋于零，而是趋近于一个正数，因此资本积累过程不会停止，经济可以实现持续内生增长。Romer 的知识溢出模型（1986）[19]、Lucas 的人力资本溢出模型（1988）[21]、Stokey（1998）[49]的干中学模型、Grossman 和 Helpman（1991）[23]、Aghion 和 Howitt（1992）[25]的新产品模型等，基本上都假定收益递增且具有外部经济性，内生的技术进步取决于知识资本或人力资本积累和溢出，因而保证了均衡增长路径的存在。随着新增长理论的发展，经济学家们也开始将环境或污染引入生产函数，把环境质量引入效用函数，在内生增长模型框架下分析环境质量与经济增长的关系问题。Bovenberg 和 Smulders（1995，1996）[56,57]在 Romer（1986）[19]的知识溢出模型基础上将环境因素引入生产函数的研究；Hung，Chang 和 Blackburn（1993）[58]基于 Romer（1990）[20]的产品品种增加型内生增长模型的研究；Gradus 和 Smulders（1993）[59]、Ligthart 和 Vander Ploeg（1994）[60]、Stokey（1998）[49]等通过扩展 Barro（1990）[61]的 AK 模型对环境污染与经济可持续增长的研究；Beltrat（1995）[62]、Goulder 和 Mathai（1998）[63]、Nordhaus（1999）[64]将内生经济增长模型与全球气候变化和可持续发展理论相结合，将环境治理成本内生化到经济增长过程中；Aghion 和 Howitt（1998）[65]、Grimaud（1999）[66]、Grimaud 和 Rouge（2003）[67]等将有限不可再生资源和环境污染引入新熊彼特模型，就环境资源稀缺性对经济可持续发展的影响的研究等。在创造性破坏的新 Schumpeter 模型的框架下，Grimaud 和 Rouge（2005）[68]考察了环境外部性对经济平衡增长路径的影响。

在国内，陈超、王海建（2002）[69]利用 Arrow 和 Romer 的干中学内生经济增长模型，建立了一类含环境外在性的内生经济增长模型；彭水军（2008）[70]通过构建一个同时内生化劳动供给和人力资本的动态增长模型，系统地分析了在污染外部性约束条件下，家庭劳动休闲决策和人力资本投资作用于长期增长与环境污染的内在机理，并进一步揭示了政府的环境政策选择与经济—环境可持续发展的关系；李仕兵、赵定涛（2008）[71]将污染引入生产函数，将环境质量引入效用函数，基于 Romer 模型，构建了一个带有环境污染约束的内生增长模型；黄菁（2009、2010）[72,73]在 Uzawa-Lucas 内生经济增长模型的框架中，考察了环境污染、人力资本和经济增长的内在关系。理论分析表明，要使经济增长具有可持续性，必须增加人力资本的积累，实行严格的污染排放标准，提高全社会的环境保护意识，促进环保型生产技术的进步。贺俊、胡家连、袁祖怀（2012）[74]在产品垂直创新模型的基础上探讨了经济增长与环境之间的关系。公维凤、王传会、周德群（2013）[75]分别将碳减排比例和气候变化的警惕意识引入生产函数、效用函数，构建考虑碳减排成本的内生经济增长模型，分析经济增长的路径。邹庆、陈迅、吕俊娜（2014）[76]在包含人力资本积累的内生增长模型框架下，运用动态最优化方法确定经济与环境能否实现协调发展及实现条件。

包含环境质量的内生增长模型基本上与新古典框架下关于环境变化与经济增长关系的研究结论一致，即一般情况下，最优污染控制需要一个较低的稳态经济增长率——相对于不包含环境因素的内生增长模型，并且严格的环境标准有利于经济可持续发展。这些结论的政策含义是明确的：为了使经济、社会、资源和环境可持续和谐发展，应该对经济增长率有所控制，环境保护不仅不会损害经济增长，而且有利于经济持续增长。中国国家统计局景气监测中心发布的《区域经济合作的格局和走向》[77]报告中就明确提出"允许一些地区 GDP 零增长甚至负增长，以避免短期行为对环境造成的破坏"，与这类模型的结论是一致的。

包含环境因素的内生增长模型为环境资源限制、内生技术进步和经济可持续增长提供了一个更有用的分析框架，由于它成功内生化了技术进步，所以模型解释力比上一类模型又有所提高，因此可更方便地研究可持续发展问题。

2.1.3　同时含有能源、环境因素的经济增长模型

有些学者则同时考虑了能源耗竭与环境污染或环境质量，较为全面地描述经济可持续增长的必要条件，将研究推进一步。

John 和 Pecchenino（1994，1995）[78,79]基于 Diamond（1965）[80]的世代交叠模型展开研究；Copeland 和 Taylor（1994，1995，2004）[81-83]通过一般均衡方法对小国开放经济的环境、资源与经济增长展开模拟与分析等。Acemoglu、Aghion、Bursztyn 等（2012）[84]将要素导向技术进步引入能源、环境约束下的

三部门模型，利用研发人员在不同部门间的分布差异，从理论上分析能源导向型和劳动导向型这两类垂直技术进步如何影响一国的产业结构变迁，进而影响能源消费、污染排放、经济增长等。

在国内，于渤、黎永亮、迟春洁（2006）[85]基于R&D的内生增长模型，建立了同时考虑能源资源耗竭、环境阈值限制与环境治理成本的可持续增长模型；张彬、左晖（2007）[86]把能源和环境引入生产函数，建立了一个在能源和环境双重约束下的内生经济增长模型，并借助该模型讨论经济可持续增长和能源持续利用的条件，研究环保投资在环境保护和经济增长中的作用，分析我国环保投资和能源开发中存在的问题；李金铠（2009）[87]拓展了Romer内生技术变化增长模型，建立了包含能源和环境要素的增长模型；王庆晓、崔玉泉、张延港（2009）[88]建立经济增长和环境质量与能源强度之间的关系，引入人的身体健康指数去衡量环境的质量，并将其引入效用函数，揭示了基于代表性个体的消费和健康的效用函数达到最大化的经济发展需要满足的条件。许士春、何正霞、魏晓平（2010）[89]将耗竭性资源和环境污染问题纳入内生经济增长模型，并运用最优控制方法研究稳态的经济可持续最优增长路径，讨论模型的平衡增长解，并在平衡增长解的基础上，进一步探讨实现经济可持续最优增长路径的必要条件。夏传勇、张曙光、昌敦虎（2010）[90]基于"干中学"的思想，建立了一个资源和环境约束之下的将经济系统划分为物质生产部门和污染治理部门的两部门内生经济增长模型。模型分析的结果表明，在生产中同时考虑资源耗竭和污染治理，在消费中同时考虑物质消费和环境质量的效用时，一个经济可持续增长的最优稳态增长解是存在的。陈丽萍、李彤（2010）[91]基于内生增长理论构建了以资本、广义人力资本、资源、环境为基本要素的生产函数；构建了可持续经济增长模型；确定了增长的范围；对可持续增长各经济变量及资源和环境之间复杂密切的经济关系予以辨析，并对蕴含其中的丰富经济内涵予以诠释。杨万平、袁晓玲（2011）[92]构建了一个考虑能源持续利用与污染治理的五部门内生技术变化经济增长模型，将能源与环境同时引入生产函数及效用函数，运用最优控制方法求解了经济可持续增长的条件，并进一步揭示了能源消耗速率、污染治理与经济可持续增长之间应该满足的动态关系，证明了基于能源和环境双重约束下经济持续增长的可能性，求解了能源和环境双重约束下经济持续增长的路径和条件。范定祥、廖进中、欧绍华（2012）[93]构建了包括自然资源耗用和治污投入的内生增长模型，利用最优控制理论研究了经济增长的内在机制。郑丽琳、朱启贵（2013）[94] 通过构建包含能源和环境约束的多部门内生增长模型，从理论上分析了能源导向型和劳动导向型这两类垂直技术进步如何影响一国的产业结构变迁和经济增长。公维凤、王传会、周德群等（2013）[95] 将能耗强度和碳减排比例引入生产函数，将气候变化的警惕意识引入效用函数，在垂直创新模型框架下构建内生低碳经济增长模型，研究了经济长期均衡增长的最优路径。陈真玲、王光辉、牛文元（2013）[96] 以经济增长与能源、环境的关系为切入点，构建了考虑不可再生能源和环境污染的内生经济增长模型，研究了能源、环境约束下的经济可持续发展的最优路径。

与最优增长模型相比，尽管思路不同、方法有别，但它们一般都支持最优增长模型的基本结论——环境保护、资源合理利用长期有利于经济可持续增长，但短期应该考虑环境承受能力，对增长率进行适当控制，因为考虑环境因素的最优均衡增长率一般低于不考虑环境资源因素的经济增长率。

2.1.4 全要素生产率的研究进展

传统的经济理论认为经济增长主要源于要素投入和生产率的提高，但是要素投入对经济增长的贡献是短暂的，随着要素投入递增，要素的边际收益将递减，因此经济的长期增长必须依靠生产率的增长来实现。因此，生产率分析成了研究经济增长源泉和经济增长质量的焦点，成了经济学领域的一个重要课题。生产率是指生产过程中投入品转化为产出品的效率，可分为单要素生产率（Parital Factory Productivity，PFP）和全要素生产率（Total Factory Productivity，TFP）。因为单要素生产率是在假定其他要素投入不变的前提下反映效率，因而很不可靠。而全要素生产率打破了这个限制，因此采用全要素生产率来反映要素投入综合效率更为科学。

（一）全要素生产率的内涵

对经济增长而言，重要的不是全要素生产率的大小，而是全要素生产率增长率的大小。自全要素生产率的概念产生以来，经过不断发展和扩充，全要素生产率已经成为经济增长问题最为流行的研究领域之一。

1942 年，荷兰经济学家丁伯根（Tinbergen）首次提出了全面反映生产率的指标——全要素生产率（TFP），他在 Cobb – Douglas 函数中引入了时间因素，用来表示效率的变动水平，并比较了法、德、英、美四国从 1870—1914 年的实际产出、实际要素投入和要素生产率的变动趋势。虽然他提出的全要素生产率只包括劳动与资本的投入，而没有考虑科研、教育等无形要素的投入，但他仍被西方经济学界公认为运用全要素生产率比较研究不同国家生产率的第一人。1947 年，美国经济学家施蒂格勒（George Stigler）也独立地提出了全要素生产率的概念，并计算了美国制造业的全要素生产率。1954 年，被经济学界推崇为全要素生产率"鼻祖"的希朗·戴维斯（Hiam Davis）首次比较系统地明确了全要素生产率的内涵，认为全要素生产率要包括所有的投入要素，即包括劳动力、资本、原材料和能源等，而不应只涉及部分要素。他将能源引入生产函数，发现生产部门的生产率与该部门所耗用的能源同时变化。1957 年，诺贝尔经济学奖获得者索洛（Robert Merton Solow）[97] 提出了具有规模报酬不变特性的总量生产函数和增长方程，从数量上确定了产出增长率、技术进步率（后被称为索洛余值，Kendrick 将其定义为全要素生产率）和投入要素增长率的联系。索洛认为全要素生产率是生产率增长值中无法被劳动和资本生产率中所解释的部分，它等于生产率减去劳动力生产率和资本生产率，索洛把它归结为是由技术进步而产生的，全要素生产率增长只能用来衡量除去所有有形生产要素以外的纯技术进步的生产率增长。之后，全要素生产率成了经济学尤其是经济增长研究中使用频率极高的名词。肯德里克（Kendrick）进一步完善了全要素生产率的概念，1973 年对其在 1961 年提出生产率是产出与投入的比率基础上进行了修改和完善，提出生产率是产出与投入的比率，指出由于单要素生产率仅能测度某一生产要素的投入效率，而不能反映全部要素的效率变化。他认为只有将产出和全部要素联系起来，才能更为全面地衡量生产效率变化，这就是全要素生产率。丹尼森（Dension）在肯德里克的全要素生产率概念基础上，发展了索洛的"余值"的测算方法，使得对资本和劳动投入的测算更为精确。20 世纪 80 年代以后，美国著名经济学家乔根森（Jorgenson）对生产率理论和测度方法领域做出了突出贡献，他通过对连续时间模型的合理离散近似，采用超越对数生产函数的形式在部门和总量两个层次上进行了生产率的度量。这种方法提高了要素投入测量的准确度，可以从要素投入的投入量中将其所体现的技术进步测量出来，这样所得到的全要素生产率中就只包含了技术进步。全要素生产率要求将所有要素纳入研究范围，但这只是一个"美好的愿望"，并非所有要素都包括在生产率内：由于测算过程无法涵盖投入的全部生产要素，因此通过将产出与所投入的生产要素进行比较所得到的只能是若干生产要素的生产率，但其多要素生产率已经较为全面地反映了生产过程各种要素投入共同作用的结果，在一定程度上克服了单要素生产率容易导致误解的缺点。

全要素生产率与技术进步、技术效率既有联系又有区别。全要素生产率的变化不完全代表技术进步。经济学意义上的技术进步是指新的知识、新的技能、发明创造以及新的组织结构在经济活动中的应用而形成的人们经济活动水平和效率的提高。一般而言，技术进步分为劳动节约型技术进步、资本节约型技术进步和中性技术进步。其中，中性技术进步具体表现为全要素生产率的提高。

全要素生产率的变化也不完全代表技术效率。经济学家 Michael Farrell（1957）[98]与索洛同时，基于生产效率测度思想开始了生产前沿面的开创性研究，Farrell 模型采用一系列适合的线性规划模型求解出所观测投入空间的凸边界，首次提出了技术效率的概念。他认为所谓的技术效率是在生产技术不变、市场价格不变的条件下，按既定的要素投入比例生产一定量的产品所需要投入的最小成本与实际生产成本的比值。显然，技术效率是一个相对的概念，它是样本内某一个特定的企业同由该样本估计出的前沿面的相对差距。Leibenstein（1966）从产出角度对技术效率做了定义，他认为技术效率是实际产出水平与在相同的投入规模、投入结构及市场价格条件下所能达到的最大产出量的比值。1977 年，D. Aigner 和 Vanden Broeek 分别提出了随机前沿生产函数（Stochastic Frontier Approach，SFA）。1978 年，Charnes、Cooper、Rhodes[99]提出用数据包络方法（Data Envelopment Analysis，DEA）计算技术效率，他们建立了从投入角度进行计算的 CCR 模型，该模型设定规模报酬（CRS）不变，可用于决策单元（DMU）的技术效率评估。因为其可用于评价具有多投入多产出的同类决策单元相对有效性的比较，成为运用数学规划分析的开端，也是主要应用方法。1984 年，Banker 等人[100]把 CCR 模型添加一项凸性约束条件，把固定规模报酬的强约束条件扩展到可变规模报酬（VRS），得到 BCC 模型，线性规划方法得到更广阔的应用。

直到 1994 年，Rolf Fare、Grosskopf、Norris 和 Zhang[101] 建立了 Malmquist 生产力指数，并应用谢波德距离函数（Shephard Distance Function）将全要素生产率的增长分解为技术变动和技术效率变动的乘积，才将全要素生产率的研究体系与技术效率的研究体系汇结到一点上，自此全要素生产率和技术效率的研究开始互相渗透，研究理念和方法也开始互相贯通。

（二）测算方法

对生产率的研究大致可分为两类，一类是生产率测算及分解方法的研究；另一类是采用各种生产率分析方法进行的实证研究。研究者总结生产率的测度方法主要有四种方法：生产函数法、指数法、随机前沿分析法（SFA）以及数据包络分析法（DEA）。其中，生产函数法和随机前沿分析法为参数方法，指数法和数据包络分析法为非参数方法。

参数方法的优点是在测算生产率的过程中，能够考察不同因素对效率的影响，从而消除了以往生产率收敛研究的两阶段假设矛盾。但是参数方法需要设定研究对象的生产函数具体模型，并需要对模型中的随机误差项预先设定某些假定前提，而在不同的前提下，参数方法计算结果则大不相同。鉴于参数方法在以上方面存在缺陷，因而其在生产效率的测算过程中一直存在不同程度的质疑。

与参数方法相比，非参数方法无须对生产函数的形式进行先验设定，同时可以避免空间相关性带来的测量误差，尤其是由于可以进行多投入多产出的生产率核算，非参数方法的适用范围更广阔。非参数方法中以 Tornquvist 指数和 Fischer 指数为代表的代数指数法由于存在边际生产率不变、资本劳动完全替代等严格的假定而在实证分析中应用较少。数据包络分析法，是非参数方法的一种典型代表，该方法通过线性规划构造一个前沿面，再将决策单元与此前沿面进行对比，得到各单元的相对效率，相对效率低于 1 的部分则是该单元可以进行改进的余地。数据包络分析法可直接处理多投入和多产出情况，它采用最优化方法内生确定了各种要素投入的权重，排除了很多主观因素，尤其适合复杂经济体的效率评价。

除此之外，还有一种介于参数与非参数之间的半参数方法。半参数方法介于参数模型与非参数模型之间，同时包含参数和非参数分量，参数分量可用于描述关键的确定性影响因素与因变量之间的关系，非参数分量用于分析非关键因素的影响，从而可以保证模型对于社会经济现象的描述更接近实际，在提高模型解释能力的同时解决模型误差较大的问题[102]。半参数模型并没有完全弥补参数方法的缺点，仍然需要对刻画生产的生产函数与误差项设定前提假设，为使模型更接近现实生活，半参数方法过分强调模型和估计方法对现实产出的模拟精确度，导致了模型参数不断增加，估计方法计算烦琐和复杂。

数据包络分析法在 1978 年由著名运筹学家 Charnes A. 和 Cooper W. W. 等人[99]提出，是一种对多个同类具有多输入、多输出的决策单元进行相对效率比较的非参数前沿（Non – Parametric Frontier）效率分析方法，应用所观测的数据（决策单元的投入产出向量），用数学规划方法包络出一个确定的最佳生产前沿面，进而可以计算出每个决策单元的非效率指数（与生产前沿面的距离）。

基于数据包络的全要素生产率的测量方法，可分为径向的（Radial）和非径向的（No – Radial）计算方法。"径向"是指效率测度中主要关注固定比例增加（减少）产出（投入）[103]，径向的计算方法主要有谢波德距离函数、方向性距离函数；非径向的计算方法主要有 SBM 方向性距离函数和广义方向性距离函数（GMDDF）。

谢波德距离函数最初在生产力和效率的分析中经常被用到，其通过生产集的有效前沿距离来计算技术效率，后来由 Charnes 等（1978）扩展得到基本的 CCR 模型，用来评价决策单元（Decision Making Unit，DMU）的相对效率（Relative Efficiency）。谢波德距离函数方法要求输入和输出为非负数。

传统的谢波德距离函数无法将非合意产出纳入同一研究框架。Chung、Färe、Grosskopf（1997）[104]在研究瑞典纸厂的全要素生产率时，引入了一种新的距离函数——方向性距离函数（Directional Distance Function，DDF），提出了基于方向性距离函数的环境规制行为分析模型（Activity Analysis Model，AAM）。污染排放才不仅被看作副产品，而且被看作具有负外部性的非期望产出，和期望产出一起引入生产过程，从方法论上第一次比较合理地拟合了环境因素在生产过程中的制约作用，并使得捕捉环境规制的真实经济效应成为可能。方向性距离函数把污染物作为对环境的负产出纳入效率的分析框架中，可以同时考虑投入的减少，"好"产出的增加和"坏"产出的减少。Briec、Cavaignac、Kerstens（2011）[105]认为谢波德距离函数这种传统的径向方法并不能满足 Koopmans 技术效率的定义，而方向性距离函数则可以满足该要求。

方向性距离函数方法虽然同时考虑了合意产出增加与非合意产出缩减的情况，但是假设合意产出扩张与非合意产出缩减的比例是相同的，其本质上仍然属于 DEA 模型中的径向及产出角度的度量方法，不能充分考虑投入产出的松弛性问题，度量的效率值因此也是有所偏颇的。此外，当存在投入过度或产出不足，即存在投入或产出的非零松弛（Slack）时，径向的 DEA 效率测度会高估评价对象的效率；而角度的 DEA 效率测度由于忽视了投入或产出的某一个方面，计算的效率结果并不准确。为了克服这两个缺陷，Tone（2001）[106] 提出了非径向、非角度的基于松弛的（Slack – Based Measure，SBM）效率测度方法，允许要素投入的缩减比例、合意产出的扩张比例与非合意产出的缩减比例不同，其具体比例取决于松弛量（Slack）。Fukuyama 和 Weber（2009）[107] 发展了更加一般化的非径向、非角度的方向性距离函数。

Mehdiloozad、Sahoo、Roshdi（2014）[108] 在方向性距离函数的基础上，建立广义方向性距离函数（GMDDF），GMDDF 揭示帕累托效率的目标，它能够计算投入和产出的所有可能松弛量，满足理想效率的特性，如强大的单调性、单位不变性、平移不变性等，并且提供一种包含决策者决策意愿的方向向量作为决策偏好选项。

作为非参数法的代表，DEA 还具有可以将全要素生产率进行分解的优势，进而在实证中得到了更为广泛的应用。Fethi 等（2010）[109] 分析了近 200 篇有关银行生产率的文献后，发现这些文献几乎都使用了数据包络测度方法。

目前测量效率变动的指标常用到的有两种：Malmquist 指数、Malmquist – Luenberger 指数。以上两种指数可根据不同的效率计算方法，任意组合成若干分解方法，如 Metafrontier – Malmquist 指数，但其基本原理相同。

Malmquist 指数是基于传统谢波德距离函数而构建的生产效率变动分解方法，是一个整体要素的生产力指数。与 Fisher 和 Tornqvist 指数相比较，Malmquist 指数由于它不需要价格信息，可以将全要素生产效率进行径向分解。但是由于定义中所用的谢波德距离函数，使得企业会减少污染的情形无法被考虑。

Malmquist 指数无法将非合意产出也就是坏产出（如 SO_2、CO_2 等伴随生产而出现的污染排放情况）纳入分析框架，难于分析含有非合意产出的全要素生产效率的变动情况。Chung（1997）引入了方向性距离函数，并提出了 Malmquist –

Luenberger（ML）生产率指数。

由于 M 指数和 L 指数反映的其实是 TFP 的变化趋势，涂正革、肖耿（2006）[110]明确指出该方法只能近似估算 TFP 对经济增长的贡献，因而无法得到精确的结果。严格来讲，经济增长各分项来源的贡献份额加总之和为 100%，而利用 M 指数和 L 指数进行经济增长分解的以上文献都未曾做到这一点。董敏杰、梁泳梅（2013）[111]建立了一个非参数经济增长核算框架，以弥补 M 指数和 L 指数测算的缺陷，使分解结果更为准确，并运用多种折旧率水平的资本存量数据进行测算，检验了该方法的稳健性。

2.2 实证研究

2.2.1 能源消费与经济增长

有关能源消费与经济增长之间关系的定量研究，在 20 世纪 70 年代即引起国际社会的关注，但二者之间的关系一直不能形成共识。不同的文献利用的模型不同、国别和地区不同、样本数据不同、参数估计与假设检验方法不同、时间间隔不同，二者之间的结构依从关系将会发生显著性差异。正是基于此种原因，这一问题受到国际国内学者的长期关注。

Kraft J. 和 Kraft A.（1978）[112]开创性地研究了美国 1947—1974 年能源消费与经济增长的关系，得出存在 GNP 到能源消费的单向因果关系，经济增长将带动能源消费的结论；然而，Akarca 和 Long（1980）[113]的研究却发现：当使用同样的时间序列数据，但样本区间取比 Kraft J. 和 Kraft A.（1978）[112]更短时，不能得出类似的结果，这意味着样本区间的不同选择可能会影响二者之间的实证分析结果。Yu 和 Hwang（1984）[114]将上述研究的美国数据样本区间更新为 1947—1979 年，结果发现能源消费与 GNP 增长之间又不存在因果关系。Yu 和 Jin（1992）[115]使用 E - G 两步法，利用 1974—1990 年的美国季度数据进行的检验结果表明，在两变量之间并不存在长期的协整均衡关系。Stern（1993）[116]进一步使用四变量（GDP、劳动力、资本和能源）向量自回归（VAR）模型，对美国 1947—1990 年的年度数据进行了标准的因果关系检验，发现虽然不存在总能源消费到 GDP 的 Granger 因果关系，但若对最终能源消费测量数据按燃料构成进行调整，则会发现存在能源消费到

GDP 的单向 Granger 因果关系。在其后续的文献中，Stern（2000）[117] 使用单方程静态协整分析法及多元动态协整分析法拓展了自己 1993 年的分析结果，发现能源在解释 GDP 变动中具有显著的影响效果，并确认在 GDP、资本、劳动力和能源之间存在明显的长期协整均衡关系。Soytas 和 Sari（2006）[118] 进一步检验了 G7 国家在 1960—2004 年能源消费与收入的关系；Wolde – Rufeal（2006）[119] 检验了 17 个非洲国家 1971—2001 年电力消费与 GDP 的长期关系和因果关系，但并没有得出统一的结论。

对于部分亚洲国家和地区的数据来讲，其研究结论也不尽相同。Masih 等（1997）[120] 在一个多元经济计量模型的框架内，检验了印度、巴基斯坦、马来西亚、新加坡、印度尼西亚、菲律宾、韩国和中国台湾地区的实际收入与总能源消费之间的因果关系，结果发现马来西亚、新加坡和菲律宾的能源消费同实际收入之间存在中性的结构依从关系；印度存在从能源消费到 GNP 的单向因果关系；印度尼西亚却存在从 GDP 到能源的反向因果关系；巴基斯坦和中国台湾则存在能源与 GDP 之间的双向因果关系。Glasuer 和 Lee（1997）[121] 检验了新加坡、韩国经济增长与能源消费的关系，发现利用不同的检验方法，两国经济增长和能源消费之间的因果关系不同。John（2000）[122] 应用协整和误差修正模型技术，估计了印度、印度尼西亚、泰国和菲律宾的能源消费同经济增长之间的关系，结果表明印度和印度尼西亚存在能源到 GDP 的短期单向因果关系；泰国和菲律宾存在能源与 GDP 之间的双向因果关系。显然，该文中得到的菲律宾和印度尼西亚的检验结果与 Masih 等（1997）的检验结果均不相同。在对中国台湾地区数据的检验中，Hwang 和 Gum（1992）[123] 以及 Masih 等（1997）[124] 均发现存在能源和 GDP 之间的双向因果关系；Cheng 和 Lai（1997）[125] 利用单位根检验、协整检验以及 Granger 因果检验的 Hsiao 程序等技术，对中国台湾 1955—1993 年的样本进行了检验，结果却发现只存在 GDP 到能源消费的单向因果关系；Yang（2000）[126] 进一步将上述样本区间更新为 1954—1997 年，并分别考察 GDP 与各种能源（煤、石油、天然气及电）的结构依从关系，结果发现 GDP 与总能源、煤、电三变量分别存在双向因果关系，以及存在天然气到 GDP、GDP 到石油的单向因果关系。

赵丽霞、魏巍贤（1998）[127] 将能源作为新变量引入 Cobb – Douglas 生产函数，由此建立 VAR 模型，结果得出我国能源消费同经济增长存在正相关、能源已成为中国经济发展过程中不可完全替代的限制性要素的结论；林伯强（2003a,

2003b)[128、129]应用协整和误差修正模型技术研究了我国电力消费同经济增长的关系，结果表明，在 GDP、资本、人力资本以及电力消费之间存在长期的协整均衡关系；韩智勇等（2004）[130]采用 E - G 两步法和未考虑变量平稳性的 Granger 因果检验，对 1978—2000 年的 GDP 序列及能源消费总量数据进行了分析，得出能源消费和 GDP 之间不存在长期均衡关系、但存在双向因果关系的结论；马超群等（2004）[131]采用 E - G 两步法对 1954—2003 年的年度数据进行了分析，得出 GDP 同能源总消费、煤炭消费之间存在长期的均衡关系，同石油、天然气和水电之间不存在协整关系，同样在未考虑变量平稳性条件下采用 Granger 检验得出 GDP 同总能源消费之间存在双向因果关系的结论。赵进文、范继涛（2007）[132]将非线性 STR 模型技术具体应用于我国能源消费与经济增长之间内在结构依从关系的研究，揭示了二者之间复杂而微妙的变化规律。牟敦国（2008）[133]的研究表明，在中国对于煤炭、石油、天然气而言，它们与经济发展的因果关系并不一致。张志柏（2008）[134]的实证结果表明经济增长不是引起能源消费变化的原因，而能源消费是引起经济增长的原因。吴巧生等（2008）[135]选取中国各省 1986—2005 年的数据，运用面板单位根、异质面板协整和基于面板的误差修正模型重新检验中国能源消费和 GDP 的关系。杨冠琼（2006）[136]，史浩江（2008）[137]，鞠耀绩、韦福雷、胡彩梅（2008）[138]应用协整模型和 Granger 因果关系模型，分别对山东、广东、黑龙江等省份的能源消费与经济增长的关系进行了研究。马骥、唐任伍（2008）[139]分析了能源约束对环渤海地区经济增长的影响。王昱、郭菊娥、席西民（2008）[140]采用协整模型检验了 1980—2005 年中国能源与经济增长之间的长期均衡关系，构建了能源生产和消费与 GDP 的误差修正模型，并在此基础上利用脉冲响应函数测算了能源与经济增长在外部因素冲击下的动态响应态势。石刚、陈忱（2008）[141]以 1985—2006 年我国不可再生能源消费总量和国内生产总值为基础数据，运用 ADF 检验、协整检验、回归分析和 Granger 因果检验对我国不可再生能源消费和经济增长的关系进行了实证分析。张琳、何炼成、王俊霞（2008）[142]利用 2001—2006 年我国除西藏以外的 30 个省市的数据，通过面板单位根及协整检验，考察了电力消费与我国经济增长之间的关系。徐刚、潘祺志（2009）[143]通过建立我国六大产业 1989—2005 年能源消费的综列协整模型和综列误差校正模型，实证分析了各产业能源消费与产业增长、能源效率的作用机制。魏子清、周德群、王群伟等（2009）[144]对 1980—

2006 年中国经济增长与能源消费相互作用的动态特征进行系统分析。曾胜、黄登仕（2009）[145]基于能源消费与经济增长之间的关联关系，揭示了能源消费与经济增长之间的内在比例关系。周江（2010）[146]认为经济总量对能源消费总量的短期影响大于长期影响，而能源消费总量的增减对 GDP 没有明显影响。胡军峰、赵晓丽、欧阳超（2011）[147]发现北京市能源消费和经济增长之间存在长期协整关系，并且短期存在能源消费到经济增长的单向因果关系，长期能源消费和经济增长之间存在双向的因果关系。

师博、单豪杰（2012）[148]从省际层面分析，能源消费与经济增长存在长期稳定的关系，短期经济增长拉动了能源消费，长期能源消费与经济增长之间存在双向因果关系。许涤龙、钟雄、汤智斌（2012）[149]分别从三次产业和高能耗产业两方面实证研究了我国产业结构对能源消耗与经济增长的协同影响程度，结果表明：第一产业与其能源消耗之间显示出从经济增长到能源消耗的单向因果关系，第二产业表现出经济增长和能源消耗之间的双向因果关系，第三产业能耗与经济之间没有 Granger 因果关系。张劲文、葛新权（2012）[150]遵循 Granger 因果关系检验的前提假设，采用协整检验和误差修正模型可以对中国经济增长与能源消费的内在依从关系进行动态分析，结果表明：1978—2010年存在从国内生产总值到能源消费总量和煤炭消费量的单向 Granger 因果关系。肖涛、张宗益、汪锋（2012）[151]基于我国能源输入省和输出省 1986—2008 年的面板数据，运用面板计量经济分析方法对能源输入省和输出省的能源消耗与经济增长关系进行了实证研究，发现：长期与短期而言，能源输入省和能源输出省的能源消耗与经济增长关系存在不同的 Granger 因果关系。

以上的研究对于制定能源经济政策具有重要的意义。如果存在从能源消费到经济增长的因果关系，则表明能源消费是经济增长的推动力，减少能源消费有可能损害经济增长，这是能源依赖型经济的信号。在这种情况下，实行能源储备政策将有害于经济增长（Masih A.，Masih R.，1998）[152]。如果存在从收入到能源消费的单向因果关系，这是一种减少能源依赖型的经济特征，施行能源储备政策将不会对收入产生什么反作用（Jumbe，2004）[153]。如果能源消费与经济增长在任何方向上都不存在因果关系，则表明能源消费不会影响收入，施行能源储备政策也不会对收入产生反作用（Yu，Choi，1985）[154]。

2.2.2 环境污染与经济增长

环境与经济增长的关系不仅是一个理论研究的热点问题，而且是一个经验分析的重点领域。因为无论理论模型的预言是什么，人们更想知道现实世界的状况究竟怎么样？也就是说，人们更关心环境与经济增长关系的现实性分析。

国外学术界对经济与环境之间关系的实证研究起步较早。Grossman 与 Krueger（1991）[155]在分析 NAFTA 协议的潜在环境效应时，利用三次多项式曲线模型开拓性研究了环境质量与收入增长之间的联系，首次指出了 SO_2 和烟尘与人均收入之间存在一种倒 U 形曲线关系；Shafik 与 Bandyopadhyay（1992）[156]在为世界银行发展报告准备的背景材料中也采用了类似的研究方法。由于其类似 Kuznets（1955）[157]提出的收入分配的不平等与经济增长之间的倒 U 形关系，Panayotou（1993）[158]首次将它命名为"环境库兹涅茨曲线"（EKC），很快被学术界接受并流传开来，成为 20 世纪 90 年代以来环境经济学最重要的概念之一。Grossman 与 Krueger（1995）[159]首先对环境库兹涅茨曲线形成机理提出了更为规范的理论解释，开创性地将经济增长、收入变化对环境质量的影响分解为三类效应：规模效应、结构效应和技术效应。

Grossman 与 Krueger 的系列论文产生了重大的影响，有关环境库兹涅茨曲线的存在性的检验引起了后来学者的广泛兴趣，出现了大量关于环境—收入关系的实证文献。Bruyn（1997）[160]计算了经济规模、产业结构和排污强度对荷兰和联邦德国 SO_2 排放的作用；Hilton 等（1998）[161]计算了经济规模和技术对一些国家汽油中铅含量的作用；Viguier（1999）[162]计算了石油质量及其结构、工业结构和生产率对俄罗斯、波兰、匈牙利、美国、英国和法国多种污染物的作用；Selden 等（1999）[163]和 Stern（2002）[164]分别计算了经济规模、产业结构、能源结构、生产率和环保技术对美国大气污染和全球 SO_2 排放的作用；Hettige 等（2000）[165]计算了经济规模、产业结构和技术对发达国家和发展中国家 BOD 的作用；Hamilton 等（2002）[166]和 Zhang（2000）[167]分别计算了化石能源占总能耗的比重、化石与非化石能源消耗的比例、生产率、经济规模对 OECD 国家和中国 CO_2 排放的作用；Antweiler 等（2001）[168]计算了经济规模、产业结构、技术和贸易对全球 SO_2 排放的作用。Perman 与 Stern（2003）[169]使用面板数据单整检验方法考察了世界 64 个国家 1973—1990 年的人均 SO_2 排放量的自然对数①与人均 GDP 的自然对数及其平方的非平稳性。Dinda 与 Coondoo (2006)[170]对世界 88 个国家 1960—1990 年的人均 CO_2 排放量与人均 GDP 使用 IPS 检验分组考察了其面板单整性。Auci 与 Becchetti (2006)[171]使用 IPS 检验分析了世界发展指标（WDI）数据库中 173 个国家 1960—2004 年的人均 CO_2 排放、人均 GDP，电力生产使用煤、天然气、石油的比重，GDP 中农业、制造业和服务业的比重 8 个变量的面板单整性。Maddison (2006)[172]应用最近发展起来的空间计量经济学方法对世界 135 个国家（不包括俄罗斯）1990 年、1995 年的人均 SO_2、NO_x、挥发性有机物 VOC 与 CO 等污染物排放量与相应的人均 GDP 构成的面板数据集进行了研究。Aslannidis 与 Xepapadeas (2006)[173]使用 1929—1994 年美国 48 个州人均 SO_2、NO_x 排放与人均 GDP 面板数据运用两时域平滑传递模型分别拟合了 SO_2—收入曲线与 NO_x—收入曲线。Martínez 与 Bengochea (2004)[174]应用合并平均组估计量（Pooled Mean Group Estimator），检验 22 个 OECD 国家 1975—1998 年 CO_2 库兹涅茨曲线的存在性。

改革开放以来，我国经济持续发展，同时环境污染问题也日益突出。经济与环境关系问题引起了国内学者的广泛关注，一些学者对此进行了深入的实证研究。例如：王慧炯等（1999）[175]和凌亢等（2001）[176]分别计算了经济规模、产业结构和排污强度对全国和南京"三废"的作用；范金（2002）[177]以中国 81 个大中城市 1995—1997 年度 SO_2、氮氧化物、TSP 浓度和年人均降尘量的面板数据对环境库兹涅茨曲线存在性进行了实证检验，发现除氮氧化物浓度外，其余污染物与收入之间存在倒 U 形关系，但 SO_2 和 TSP 的转折点处于几乎不可能达到的高收入水平上（分别为 24974058 元和 7276610 元，1990 年不变价）。陆虹（2000）[178]考察了我国人均 CO_2 排放量与人均 GDP 的关系，通过扩展三次样条插值法和状态空间模型分析，表明人均 GDP 与人均 CO_2 排放量的当前值与前期值之间存在交互影响作用，而不是呈简单的倒 U 形关系。吴玉萍、董锁成等（2002）[179]选取北京市 1985—1999 年经济与环境数据，实证考察了北京经济增长（人均 GDP）与三类典型的环境质量指标之间的关系，研

---

① 在很多实证研究文献中变量都进行了自然对数变换，如果不做特别说明，所涉及的变量都是指该类型的。

究表明：北京自 1985 年以来随着经济增长其环境恶化程度在降低，且已进入经济与环境协调发展的后期阶段。北京市各环境指标与人均 GDP 演变轨迹呈现显著的环境库兹涅茨曲线特征，比发达国家早实现了转折点，且达到转折点的时间跨度小于发达国家。这主要归功于北京市自 1985 年以来有效的环境政策和巨额环境投资以及科技后发优势。但张云、申玉铭、徐谦（2005）[180]分析了北京 1990—2001 年的工业废气排放量与总产值的关系，结果表明它呈倒 N 形，指出这种 U 形加倒 U 形曲线特征与工业经济总量影响力和技术因素影响力二者对比结果的关系尤为密切，降低工业单位产值的环境负荷量是缓解环境恶化和经济增长两难境地的核心问题。张连众、朱坦、李慕菌等（2003）[181]计算了经济规模、技术—产业结构综合指标、贸易对我国环境整体质量和"三废"的作用；杨海生、贾佳、周永章等（2005）[182]计算了贸易、外商直接投资和经济规模对我国 SO_2、工业废水中 COD、Cd、As、氰化物和 Cr 排放的作用，于峰、齐建国和田晓林（2006）[183]在 Stern（2002）模型的基础上，以 SO_2 排放量表征环境污染水平，对 1999—2004 年除西藏、山西和贵州以外的我国 28 个省、自治区及直辖市的面板数据进行回归分析，证实了经济规模扩大、产业结构和能源结构变动加剧了我国环境污染，生产率提高、环保技术创新与推广降低了我国环境污染。Groot 等（2001）[184]对中国 30 个省及地区 1982—1997 年的污染排放与收入水平的关系进行的分析显示：中国的 EKC 是否存在，在很大程度上取决于污染物的种类及所选取的变量，如总污染水平、人均污染水平和实际单位产出的污染排放。彭水军（2005）[185]使用中国 30 个省及地区 1996—2000 年的环境与经济数据构建了一个包括环境方程与收入方程的联立方程模型，研究了中国的 EKC 曲线。赵细康等（2005）[186]分析了 1981—2003 年中国四类污染物与人均收入之间的关系，结果显示废水、人均废水、废气、人均废气排放四项指标与人均 GDP 之间呈现 U 形特征；杨万平、袁晓玲（2009）[187]基于 1982—2006 年中国的 6 类环境污染指标，运用改进的熵值法计算出能够代表我国整体环境污染状况的环境污染指数，利用协整检验研究了中国环境库兹涅茨曲线的存在性及其"本土化"特征，利用脉冲响应函数来考察环境污染和经济增长的互动关系。于峰、齐建国（2007）[188]在 Antweiler（2001）模型的基础上，以 SO_2 排放量表征环境污染水平，对 1990—2003 年除西藏以外我国 29 个省及直辖市的面板数据进行回归分析，结果表明经济规模的扩大恶化了我国环境；技术进步和经济结构升级改善了我国环境；贸易自由化诱致的经济结构变化有双重环境效应——污染天堂动因的消极环境影响、要素禀赋动因和其他动因的积极环境影响，但自由贸易的总环境效应是积极的。杨万平、袁晓玲（2008）[189]基于1982—2006年中国的6类环境污染指标，运用改进的熵值法计算出能够代表我国整体环境污染状况的环境污染指数，通过 VAR 模型的脉冲响应函数和方差分解方法，研究了对外贸易、FDI 对我国环境污染的长期动态影响。分析结果显示，FDI 和进口贸易有利于我国环境质量的改善，而出口贸易则恶化了我国的环境，"污染避难所"假说在我国得到实证；出口贸易是环境污染加剧的重要变量。林伯强、蒋竺均（2009）[1]利用传统的环境库兹涅茨模型模拟发现，中国二氧化碳库兹涅茨曲线的理论拐点对应的人均收入为37170元。

高宏霞、杨林、付海东（2012）[190]利用面板数据分析及其他数学分析方法，结合各省的实际数据对环境库兹涅茨曲线在我国是否存在做了实证分析，发现废气和二氧化硫的排放量数据均与 EKC 模式吻合，同时对废气和二氧化硫的排放拐点进行预测。杨林、高宏霞（2012）[191]构建了综合污染指数这一综合考量环境污染程度的指标，验证了中国环境库兹涅茨曲线的存在并通过静态和动态分析结合的方法分析了环境污染与经济增长之间的内在机理，分析结果认为存在一种内在机制使 EKC 呈现出倒 U 形的形态。

2.2.3 能源、环境与经济增长

国内也有一些学者对能源—经济—环境三者进行研究。范中启和曹明（2006）[192]分析了能源—经济—环境系统间的关系，通过设计系统发展水平指标体系，对系统间发展的协调状态进行测度与评价，结果表明在发展的同时，经济与环境以及能源与环境之间的协调发展状态并没有得到根本的改善。李斌、符毅（2008）[193]分析了 GDP、能源消费量增长和环境污染之间的关系，发现三者之间存在长期稳定的关系，GDP 和能源消费量增长是环境恶化的成因。张丽峰（2009）[194]利用计量经济理论，建立了向量误差修正模型，对我国经济增长、工业化水平、能源和环境之间的关系进行了协整检验、Granger 因果关系检验。陈诗一（2009）[195]把能源消费和二氧化碳排放看作投入要素引入生产函数，构造了中国工业 1980—2006 年 38 个二位数行业的投入产出数

据库，利用超越对数分行业生产函数估算了中国工业全要素生产率变化并进行绿色增长核算。研究发现，改革开放以来中国工业总体上已经实现了以技术驱动为特征的集约型增长方式的转变，能源和资本是技术进步以外主要驱动中国工业增长的源泉，劳动和排放增长贡献较低甚至为负。

林美顺（2011）[196]使用1985—2009年的福建省时间序列经济数据，构建了包含能源消费方程在内的四方程联立方程模型进行实证分析，结果表明福建省的经济增长与能源消费、经济增长与工业整体污染之间都存在倒 U 形的曲线关系。张子龙等（2015）[197]对我国 3E 系统的演化机制进行了实证分析，结果表明能源效率是 3E 系统演化的序参量，深刻影响着大气污染物排放强度的降低，是决定 3E 系统可持续发展与否的关键因素，在演化过程中能源效率的提高与污染物排放强度的降低之间还未形成协同效应。

2.2.4　基于全要素生产率的经济增长研究

全要素生产率的研究是在第二次世界大战后经济增长理论以及生产理论的框架下衍生并逐渐形成的一个重要分支。国外学者在全要素生产率的基础理论和方法论方面做了许多开创性研究，取得了重要成果。在全要素生产率研究的初期，多数学者采用以上增长核算法来测量。随着研究的深入，出现了一些新的估算方法。其中，应用较为广泛的是基于 DEA 的 Malmquist 指数分解对全要素生产率的分解。

Pittman（1983）[198]发展了超对数生产率指数，第一个尝试了在生产率测度中引入"坏"产出，用治理污染成本作为"坏"产出价格的代理指标，对威斯康星州造纸厂的效率进行了测度。从此以后，大量的研究者开始将环境污染变量纳入估计的生产模型中，主要的思路有两个：一是将污染变量作为一种投入（Hailu，Veeman，2001）[199]；二是将污染变量作为具有弱可处置性的"坏"产出（Chung et al.，1997[104]；Fare et al.，2001[200]）。Chung 等（1997）[104]在考虑环境因素的基础上对生产率进行了测算，定义了以方向性距离函数来表述的 Malmquist - Luenberger 生产率变化指数，并可将生产率拆分为技术进步和技术效率改善两个部分。Kumar、Russell（2002）[201]用非参数方法构造了世界生产前沿，并将各国劳动生产率的增长分解为技术进步、技术效率变化和资本积累三大贡献，并据此讨论经济增长的收敛性。Gary Jefferson 等

(2000)[202]研究测算了中国 1980—1996 年的国有与集体企业和 1988—1996 年的其他国内企业、外商投资企业以及股份制企业等五类企业的工业生产率的变化趋势。测算结果表明，全要素生产率曾经存在一个长期增长（1980—1996年年均增长 2.62%），但 20 世纪 90 年代以来增长率呈下降的趋势（1993—1996 年年均下降 2.25%）。这些关于全要素生产率的研究方法，对于研究我国区域经济的和谐发展值得借鉴。

国内学者对全要素生产率的研究始于 20 世纪 80 年代初。从研究对象上，大体可以把这些研究成果分为两大部分：对区域经济全要素生产率的估算和对生产部门全要素生产率的估算。多数研究通过估算中国整体经济的全要素生产率和省际区域的全要素生产率，来分析经济增长的源泉，判断中国整体和区域的经济增长是否具有可持续性。还有一些研究是针对某一生产部门或者行业的全要素生产率估算，分析生产部门或者行业的技术进步情况。

郑照宁、刘德顺（2004）[203]把能源作为除了资本和劳动之外的一种投入，并考虑产出随时间的变化，建立了一个中国的超越对数生产函数模型并用岭回归方法估计了它的参数，研究了该模型的产出弹性、替代弹性和各种投入的技术进步差异。颜鹏飞、王兵（2004）[204]运用 DEA 的方法测度了 1978—2001 年中国 30 个省（自治区、直辖市）的技术效率、技术进步及曼奎斯特生产率指数，主要结论是中国全要素生产率是增长的，增长的主要原因是技术效率的提高；由于技术进步减慢，1997 年之后全要素生产率的增长出现了递减。郭庆旺、贾俊雪（2005）[205]利用索洛残差法、隐性变量法和潜在产出法估算出我国 1979—2004 年全要素生产率增长率，分析表明：全要素生产率增长对经济增长的贡献率较低，我国经济增长主要依赖于要素投入增长，是一种典型的投入型增长方式。郑京海、胡鞍钢（2005）[206]通过对省际全要素生产率（TFP）及其组成部分的测算，从技术效率和技术进步这两个不同的方面来考察中国改革开放以来的 TFP 增长性质和近几年来的变化趋势，研究结果表明：中国经济增长在 1978—1995 年期间经历了一个 TFP 高增长期（为 4.6%）；而在1996—2001 年期间出现低增长期（为 0.6%）。其变化的具体特征为：技术进步速度减慢、技术效率有所下降。孙琳琳、任若恩（2005）[207]在中国资本投入指数序列的基础上，选用超越对数生产函数估计出中国 1981—2002 年的全要素生产率。研究结果表明：资本投入是中国经济增长的首要原因，而全要素生产率在改革后并没有保持较高增速。李静、孟令杰、吴福象（2006）[208]应用较新的增长核算办法估计中国省份的 TFP，并计算了要素投入差异和 TFP 差异对地区差距的贡献度，测算结果证明 TFP 的差距也是解释中国地区差距最主要的根源。傅晓霞、吴利学（2006）[209]提出了一个基于随机前沿生产函数的地区增长差异分析框架，测算了各因素在中国地区劳均产出差距中的贡献，并探讨全要素生产率对地区经济增长收敛的影响，利用 1978—2004 年 28 个地区的样本数据，得到以下主要结论：总体而言，资本等要素投入仍然是中国经济增长的主要源泉，不过全要素生产率对经济增长贡献在不断增强，特别是1990 年以后制度的影响不断增大，成为造成地区差距的重要原因。王志刚、龚六堂、陈玉宇（2006）[210]采用超越对数形式的随机前沿面板模型，考察了中国各省市自 1978 年改革开放以来地区间的生产效率和全要素生产率增长率变迁，研究认为：全要素生产率增长率在 20 世纪 90 年代中期以后明显减速，直到 2001 年开始回升；主要是技术进步而非生产效率改进支撑了全要素生产率增长。岳书敬、刘朝明（2006）[211]在考虑人力资本和无效率项的前提下，对 TFP 增长进行了测算。在我国 1996—2003 年的 TFP 增长主要是由技术进步还是效率提高为主的方面，得出了与不考虑人力资本基本一致的结论：TFP增长主要是由技术进步决定，而不是效率提高。于君博（2006）[212]在对数型柯布－道格拉斯生产函数的基础上，运用随机前沿分析模型（Storechastic Frontier Analysis）和确定性的非参数前沿生产函数模型（Malmquist 指数法）分别对我国改革开放以来 25 年间的技术效率变迁进行了测算。结果表明：我国经济增长过程中的技术效率改进并不明显，20 世纪 90 年代中期后甚至出现了下滑的趋势。赵伟、马瑞永、何元庆（2005）[213]以国内生产总值为产出指标，以各个地区的资本形成总额和从业人员人数为投入指标，根据产出导向的规模报酬不变模型计算出中国各个地区全要素生产率变动及其分解值。研究发现：技术效率变动对 TFP 增长贡献较小，中国各个地区 TFP 的增长主要来源于技术进步的作用，因而未来技术进步对各个地区 TFP 的增长有着决定性作用。胡鞍钢、郑京海、高宇宁等（2008）[214]采用省级数据并应用方向性距离函数生产率模型对中国 30 个省市自治区的"技术效率"在考虑了环境因素的情况下进行重新排名，研究发现在考虑与忽略环境因素情况下的差异反映了各地区环境因素对于产出影响的强弱。吴延瑞（2008）[215]应用随机前沿方法来检验中国近期的经济增长，发现中国的增长大部分由要素投入来推动。同时全要素生产率的增长在经济增长中扮演一个重要的角色，平均解释了1993—2004年经济增长的约27%。卢艳、刘治国、刘培林（2008）[216]运用Malmquist指数对1978—2005年中国省区、三大地区间经济增长源泉比较分析，结果表明：要素投入和TFP对经济增长效应年际、省际变化比较大，要素投入的贡献高于TFP的贡献，技术进步的贡献高于技术效率的贡献。章祥荪、贵斌威（2008）[217]利用1978—2005年的省份面板数据，使用Malmquist指数法对我国30个省的TFP变动进行了测算，并将其分解为三个部分：技术效率变动、技术进步和规模报酬变动，并由此得到全国以及东中西部地区TFP变动及其分解值。研究发现：在改革开放的20多年里，我国TFP平均增长率为1.60%，对经济增长的贡献率为16.57%，在整个经济增长过程中发挥了重要作用。TFP的进步主要得益于技术进步（1.48%）和技术效率改进（1.31%），而规模报酬递减对TFP增长造成了不利的影响（-1.16%）。刘舜佳（2008）[218]利用DEA方法测算了1952—2006年27省份的全要素生产率，结果表明：中国全要素生产率呈逐年下降趋势，且改革开放后比改革开放前明显，改革开放后东部地区比中西部地区明显。郑京海、胡鞍钢、Arne Bigsten（2008）[219]对中国改革时期的经济进行研究，发现改革的措施往往导致对全要素生产率的一次性水平效应。吴建新（2008）[220]采用动态分布方法研究了中国1952—2005年的省区劳均产出、资本积累和全要素生产率的动态分布和长期趋势。结果表明：改革前后的省区劳均产出分布存在很大的差异，改革后多数地区的劳均产出向高收入收敛。研究还发现，全要素生产率是影响地区差距的主要因素，物质资本积累不是影响地区差距的重要因素，但其作用有上升的趋势，原因可能是资源配置效率的提高。钞小静、任保平（2008）[221]运用全要素生产率的贡献度来对我国1978年改革以来的经济增长质量进行量化，在实证研究基础上得出体现我国经济转型的市场化率、工业化率、城市化率与经济增长质量之间是正向的相关关系，我国的经济转型在一定程度上促进了经济增长质量的提高。吕冰洋、于永达（2008）[222]运用非参数方法对中国各省市经济增长中效率提高、技术进步和要素投入三方面作用进行分解，发现各省经济增长中，要素投入（以资本投入为代表）始终占据着主要地位。王小鲁、樊纲、刘鹏（2009）[223]在卢卡斯增长模型的基础上进行扩展，对一系列影响生产率的制度、结构以及技术进步方面的变量进行了检验。实证检验说明，改革开放以来我国 TFP 增长呈上升趋势，最近 10 年约在 3.6%。资本的增长仍然对经济增长起着重要作用，而且贡献仍将进一步提高。李宾、曾志雄（2009）[224] 使用并延展 Holz（2006）的资本存量序列，通过要素收入份额可变的增长核算法，重新测算了我国改革开放以来的 TFP 增长率。研究发现：世纪之交前后的 TFP 增长率并不像其他文献所报告的那样接近于零甚至为负值，其原因在于前期的文献采用了不合适的投资流量指标，高估了资本存量的增长率，进而低估了 TFP 增长率。刘丹鹤、唐诗磊、李杜（2009）[225] 利用中国 1978—2007 年的数据，运用增长核算方法分析了中国经济增长的源泉，着重从技术进步和全要素生产率变动角度分析了中国经济增长的质量。研究发现：中国经济增长主要来自要素投入增长；技术进步对中国经济增长的促进作用较小；全要素生产率年均增长率是 2.57%，并在 2000 年以后增幅有所回落。魏下海、李树培（2009）[226] 以 1990—2006 年我国 29 个省区的数据为基础，通过数据包络分析法测算出各省区全要素生产率。结果表明：随着时间的推移，全国平均 Farrell 技术效率呈下降趋势，落后地区与生产前沿面渐行渐远。周晓艳、高春亮、李钧鹏（2009）[227] 采用随机前沿模型对 1990—2006 年长三角地区的生产效率进行估算并分解其全要素生产率增长率，结果表明：1992 年长三角地区的全要素生产率增长率呈现出明显下降趋势，1998 年之后有显著上升；全要素生产率增长率主要是由技术进步率决定的，规模效应的贡献几乎为零。

陶长琪、齐亚伟（2010）[228] 以 TOPSIS 理想解为基准，结合 DEA - Malmquist 指数分解方法，测算了 1987—2007 年中国各地区生产率的变动，并将其分解为技术进步指数、纯技术效率指数和规模报酬指数。从各省市距离理想解的距离可知，东中西部地区存在明显的技术差距，中国整体生产效率利用率并不是很高，说明我国的生产状况还存在较大的利用空间。纯技术效率、技术进步和全要素生产率大致都呈现出先增长后下降的趋势，生产率的下滑主要是因为技术效率的恶化。

李谷成（2009）[229] 运用 DEA - Malmquist 生产率指数分析法，对转型期中国农业全要素生产率增长的时间演变和省区空间分布进行实证分析，将其分解为技术进步、纯技术效率变化和规模效率变化三部分。结论表明：转型期农业全要素生产率增长较为显著，各省区之间的全要素生产率增长差异较大，并呈现出明显的阶段性变化特征，这一全要素生产率增长主要由农业前沿技术进步贡献，技术效率状况改善的贡献很有限。时悦、赵铁丰（2009）[230]运用Malmquist 指数法测算了 1983—2006 年的农业全要素生产率，多数年份全要素生产率都大于 1，我国农业正朝着可持续方向发展。

李谷成、冯中朝（2010）[231]将生产率增长分解为技术进步和技术效率变化两部分，发现改革开放以来农业各行业 TFP 增长较大，整体上具有较强的技术推进特征，但行业差异较大；总体上各行业生产率增长基本都由技术推进或效率驱动单独贡献，没有出现"双驱动"模式。

杨勇（2008）[232]借助 C－D 生产函数并利用 OLS 稳健性检验，对中国1952—2006 年服务业全要素生产率的时序变化进行了研究，结果表明：中国服务业全要素生产率对服务业产出的贡献率在 1980 年前波动较大，1980 年后渐趋平稳，服务业的发展潜力和技术效率水平还远没有被挖掘出来。原毅军、刘浩、白楠（2009）[233]在构建 1997—2005 年中国 27 个省市区生产性服务业面板数据的基础上，利用非参数 Malmquist 指数法考察了中国生产性服务业全要素生产率的变化原因、地区差异与变动趋势。研究表明：中国生产性服务业仍表现为粗放型增长方式，全要素生产率呈现负增长，但下降的速度在逐年放缓。

郑京海、刘小玄、Arne Bigsten（2002）[234]在 1980—1994 年的 700 个国有企业样本数据的基础上，采用数据包络法和 Malmquist 指数法，以生产率的增长为指标，考察了国有企业的生产绩效。与样本企业中的最佳实践企业相比，经验研究结果表明，这些样本企业的技术效率普遍较低。尽管生产率增长引人注目，但这一增长主要是通过技术进步而不是通过提高技术效率。李小平、朱钟棣（2005）[235]运用中国制造业各行业 1986—2002 年的面板数据，在构建行业固定资产投资价格指数的基础上，对中国制造业 34 个分行业的全要素生产率进行了估算，发现生产率增长和经济增长有较强的相关关系。朱钟棣、李小平（2005）[236]在构建各行业固定资产投资价格指数的基础上，运用面板数据对中国制造业 34 个分行业的全要素生产率进行了估算，发现工业行业的全要素生产率变动经历了缓慢增长、下降、快速增长的三个阶段。涂正革、肖耿（2005）[237]根据随机前沿模型对中国大中型工业 1995—2002 年企业数据的估算得出中国大中型工业企业的全要素生产率不断提高，生产率提高的主要源泉在前沿技术进步。涂正革、肖耿（2006）[238]运用增长核算法研究了中国大中型工业企业 1995—2002 年 37 个两位数工业行业的全要素生产率的增长趋势，研究发现全要素生产率的增长逐渐成为经济增长的主要源泉。沈能（2006）[239] 基于非参数的 Malmquist 指数法，研究了 1985—2003 年中国制造业全要素生产率及其构成的时序成长和空间分布特征。研究表明：该期间中国制造业 TFP 年均增长主要得益于技术进步水平的提高，而效率变化反而产生负面影响。涂正革（2007a）[240] 采用 Malmquist 指数法和 DEA 技术，研究中国 28 个省市地区大中型工业增长的动力以及地区间的发展差距，分析发现：在 1995—2004 年期间整体而言，全要素生产率增长已经成为中国大中型工业快速增长的核心动力，特别是技术进步和规模效率的改善对产出增长的贡献日渐突出。涂正革（2007b）[241] 采用 Malmquist 指数法和 DEA 技术，以中国 28 个省市地区的大中型工业作为研究单位，采用距离函数构造非参数生产前沿，将各地区工业增加值的增长分解为三个成分（要素投入效应、技术前沿的进步和技术效率的追赶效应），发现中国大中型工业在 1995—2004 年：全要素生产率提高已经成为中国大中型工业增长的核心，全要素生产率中技术进步和规模效率的改善对产出增长的贡献日渐突出。因此认为全要素生产率，特别是技术进步和规模效率的提高，是区域工业经济快速增长的源泉。李小平、卢现祥、朱钟棣（2008）[242] 用 DEA 方法，以各行业每年的固定资产净值年均余额、劳动人数为输入指标，以各行业增加值为输出指标，将中国 32 个工业行业 1998—2003 年的全要素生产率增长分解为技术效应和技术进步增长，发现在此期间工业行业的全要素生产率有较快增长，主要依赖于技术进步的增长而不是技术效率的增长。涂正革（2008a）[243] 以 1998—2005 年 30 省市地区的规模以上工业为基本研究单元，以地区工业增加值为产出指标，以固定资产净值、工业煤炭消耗量和劳动从业人数为要素资源投入指标，以工业 SO_2 排放代表废气污染指标，利用方向性环境距离函数测度了各地区环境技术效率，衡量环境与工业增长的协调性。宫俊涛、孙林岩、李刚（2008）[244] 选取制造业工业增加值作为产出指标，以省制造业资本存量以及制造业劳动力为投入变量，利用 Malmquist 指数法构造区域制造业生产前沿，考察制造业省际全要素生产率的增长来源、差异与变化趋势。研究表明：制造业省际全要素生产率的增长来源于技术进步，技术效率变化表现为负作用。李胜文、李大胜（2008）[245] 基于 1985—2005 年中国 34 个工业细分行业面板数据，运用三投入的随机前沿生产函数，分别测算工业及其细分行业的全要素生产率增长率，结果显示：工业全要素生产率增长出现先慢后快，然后停滞再缓慢回升的态势。涂正革（2008b）[246]以中国 28 个省市区的大中型工业作为研究单位，采用距离函数构造非参数生产前沿，将各地区工业增加值的增长分解为三个部分：要素投入效应、技术前沿的进步和技术效率的追赶效应。研究发现：全要素生产率增长对缩小地区间工业经济发展差距的作用越发突出，技术进步和规模效率的提高，已成为区域经济和谐发展的中坚力量。王兵、吴延瑞、颜鹏飞（2008）[247]运用 Malmquist–Luenberger 生产率指数测度并比较了对 CO_2 排放做出不同管制的三种情形下 APEC17 个国家和地区 1980—2004 年的全要素生产率增长。李丹、胡小娟（2008）[248]采用数据包络分析法分别对制造业各个行业中内资企业、外资企业 1999—2005 年期间的相对效率、全要素生产率（以 Malmquist 指数衡量）及其构成情况进行了实证研究。黄庐进、汪健（2009）[249]采用基于数据包络分析法的非参数 Malmquist 指数法，以劳动力投入和资本投入作为投入变量，将国内生产总值作为产出变量，对 1995—2007 年上海地区相关的全要素生产率做出估计，结果表明：上海地区国内企业的全要素生产率在 1996—2007 年中的绝大多数年份保持了增长的势头。邱斌、杨帅、辛培江（2008）[250]基于 DEA 的 Malmquist 指数法分析了中国制造业全要素生产率及其分解变量技术进步和技术效率的变化规律，结果显示：Malmquist 生产率指数都大于 1，制造业每个行业的全要素生产率都在增长；中国制造业生产率显著增长主要依靠技术的进步，相对于大幅度技术进步，新技术的利用效率不高，消化吸收能力有待增强。任若恩、孙琳琳（2009）[251]使用 KLEMS 框架测算我国行业层次的 TFP 增长率以及 Domar 加权的 TFP 增长率，从估计结果看，要素投入是中国目前经济增长的首要来源，而 TFP 没有明显的改善。周建、顾柳柳（2009）[252]以上海大中型工业企业所组成的行业面板数据为研究对象，通过运用非参数环境生产前沿方法，以包括上海工业和按行业分类的资本、劳动人数、能源（万吨标准煤）为输入变量，以工业总产值和二氧化硫的排放量为输出变量，研究能源、环境约束下的上海工业增长模式转变，研究结论表明：从总体平均水平来看，上海工业效率近十年来有所提高，尤其是对于具有高技术的行业和轻工业的效率有所提高，但是对于传统的重工业的效率在 2006 年都没有显著的提升；上海工业增长动力可划分为技术效率效应、技术进步效应和要素投入效应，因此在资源、环境约束下，转变工业增长方式是上海工业经济增长可持续发展的重要源泉和动力。岳书敬、刘富华（2009）[253]在考虑环境因素的前提下，使用包含非合意产出的 DEA 模型，探讨了中国工业行业的增长效率，研究认为中国工业行业增长的综合效率较低，其改善存在较大的空间。陈静、雷厉（2010）[254]以全部国有及规模以上制造业 28 个行业为研究对象，运用数据包络分析相对效率评价方法，首先测算了制造业 28 个行业的技术效率和规模效率，在此基础上运用 Malmquist 生产率指数法测算了制造业全要素生产率指数、技术进步指数与技术效率指数，将技术效率指数进一步分解为纯技术效率和规模效率指数。

吴军、笪凤媛、张建华（2010）[255]在控制 SO_2 和 COD 排放时全国 TFP 增长率不到传统 TFP 增长率的 1/3，并且 TFP 增长均完全源于前沿技术进步。孙传旺、刘希颖、林静（2010）[256]对碳强度约束下的全要素生产率指数进行分解，显示技术进步是推动碳强度约束下全要素生产率提高的主要因素。田银华、贺胜兵、胡石其（2011）[257]采用序列 Malmquist – Luenberger（SML）指数法估算 1998—2008 年中国各省环境约束下的 TFP 增长率，发现：考虑环境约束之后，TFP 增长对我国经济增长的贡献不足 10%，这反映了我国经济粗放增长的现实，技术进步是我国 TFP 增长的源泉，技术效率呈下降态势。周五七、聂鸣（2012）[258]将能源与碳排放统一纳入全要素生产率测度模型，使用全局 DEA 方法及 Malmquist – Luenberger 生产率指数，测算 1998—2010 年低碳导向的工业行业绿色 TFP 增长及其来源构成，并通过核密度估计分析其动态分布特征。结果发现：低碳导向的工业行业绿色 TFP 经历了一个先上升、后下降、再上升的演化轨迹，但工业绿色 TFP 增长主要由技术进步推动，技术效率整体上拖累了工业绿色 TFP 增长；轻工业绿色 TFP 增长及技术进步显著优于重工业，采掘业与公用事业行业绿色 TFP 没有得到显著改善，绿色 TFP 增长及其来源的行业差距有扩大趋势。张纯洪、刘海英（2012）[259]分别测度了 1989—2008 年中国 30 个省际地区的传统曼奎斯特以及考虑污染排放的曼奎斯特 – 伦伯格全要素生产率指数。测度结果表明：如果考虑非合意产出因素，传统忽视环境污染的中国经济全要素生产率增长被高估。

杨万平（2011）[260]构建了中国 1995—2006 年 28 个省的投入产出面板数据库，基于非参数环境生产前沿模型将中国经济增长进行了绿色分解，采用

Tobit 模型分析了能源消费和污染排放对经济增长约束的传导机制。分析表明：中国经济增长的可持续性正在逐年恶化。表现为要素投入是经济增长的主要驱动因素，绿色全要素生产率对经济增长的推动作用不明显，并呈现逐年下降的趋势。在能源、环境约束下，要避免走粗放型经济增长道路，转变经济增长方式是中国经济增长可持续发展的重要动力源泉。王维国、范丹（2012）[261] 将能源和非期望产出二氧化碳纳入生产率分析框架中，基于序列 DEA 的方向性距离函数及 Malmquist - Luenberger 指数测度了 1999—2010 年我国 30 个省、市、自治区及东、中、西、东北四大区域的全要素生产率的动态变化及其分解变量。实证结果表明：绿色生产率大于传统生产率，绿色生产率呈现 W 形波动趋势，主要的转折点出现在 2005 年与 2009 年；从区域差异来看，绿色生产率东部区域最高，其次为东北部、中部，西部最低；考虑碳排放约束后我国的产业结构得到了优化调整，呈现出规模效率的提升；从经济增长的分解效应来看，全国的经济增长驱动力量主要来自投入要素的增长效应，全要素生产率的平均贡献比例仅为 5%。其中，东部区域的全要素生产率的增长效应对经济产出的贡献比例最高，东部区域正处在由外延型向内涵型的绿色经济增长模式过渡时期，而东北、中、西部区域经济增长模式仍以粗放型为主。

2.3　研究述评

2.3.1　理论模型研究述评

通过对经济增长理论中的能源、环境问题的简单回顾，可以看出，在已有的包含能源、环境的经济增长模型研究成果中虽然考虑了能源和环境对经济的约束，但还存在如下缺陷。

第一，绝大多数只是基于能源的耗竭性出发，得出"如果要保持经济的持续增长，耗竭性能源的增长速度就必须为负，否则经济持续增长将不能维持"的结论。很显然，不考虑可再生能源对能源存量的影响不仅不科学，也不符合世界各国正在大力发展可再生能源的现实。

第二，尽管一些研究利用 Lucas 内生增长模型并考虑了可再生资源的影响，但在其研究中并没有就技术对能源存量的作用机理做出较为充分的解释，从而就能源的内生化而言缺乏足够的基础。因此，就研究意义来看，并没有把内生增长模型的本质和内在逻辑跟耗竭能源对经济的约束相互结合起来。事实上，就内生增长理论的内在逻辑来看，正是内生化的技术解决了其他要素（包括能源和环境要素）的规模递减，使经济的持续增长成为可能。

第三，为了便于计算，在绝大多数的研究中，都将人力资本等同于劳动力人口进入生产函数。尽管人力资本投资可以改善劳动力素质，但不管从现实角度还是理论意义上，人力资本和劳动力人口都不能完全相互替代。事实上，人力资本在现实中更多的是作为一种物质资本投入而被世界各国所重视。

第四，绝大多数文献均没有考虑到环保投资对污染排放的影响，在他们的模型中，污染物产生和产出之间的关系只有一个控制量——技术水平，暗示着投资在环境系统中只能有负效应，忽略了环保投资的正效应。事实上，环保投资在环境质量的改善上功不可没。

第五，即使将能源与环境同时引入了内生经济增长模型，也只是引入了生产函数，而没有引入效用函数，这不符合人们在能源与环境双重约束下追求社会福利最大化的目标。

总的来看，国内涉足这个领域的研究学者为数不多，而且还处于探讨阶段，代表性成果并不十分突出，本书尝试在这方面进行开拓性研究。

2.3.2 实证研究述评

（一）关于环境污染指标

对环境质量或污染状况至今找不出一个单独指标可以全面、准确地反映其质量状况，一般将其大致划分为空气质量、水质量和其他环境质量指标三大类。常见的反映空气质量的指标有 CO_2、SO_2、CO、NO_x 排放量、SPM（Suspended Particulate Matters）等；反映水质量的指标有重金属浓度和生化需氧量（BOD 或 COD）等；其他指标包括固体废物排放量、能源使用量、汽车拥有量、森林覆盖量或耗减量和生物种群拥有量等。实证研究时，选取的环境质量指标不同，得到的结论往往有差异。而单一指标很难表达环境压力（Grossman，Krueger，1991）[262]，分析环境压力时用单一指标是有偏差的。虽然有些研究中用了复合指标，如产出指数（TI）（Bruyn，Opschoor，1997）[263]

和人文发展指数（HDI）（Raghbendra et al.，2003）[264]，有些研究者用了复合经济指标（于文金，邹欣庆，2008）[265]或复合环境指标（杨万平，袁晓玲，2009[187]；王西琴，李芬，2005[266]；沈锋，2008[267]），比单一指标前进了一步，但选取的评价对象仅限于单一地区或者是采用专家打分的方法确定权值，还是具有很大的主观性与局限性。杨龙、胡晓珍（2010）[268]和杨万平（2010）[269]同样将多项污染排放指标综合成一个污染排放指数[8-9]；袁晓玲等（2011）[270]从综合排放视角出发，以工业污染排放为主，兼顾生活污染排放，选取工业废水排放总量、生活污水排放量、废气排放总量、工业二氧化硫排放量、工业烟尘排放量和工业粉尘排放量、工业固体废弃物产生量等9项指标综合评价环境状况。

对环境污染的全面评价是将环境污染这一复杂过程的多项影响因子进行综合，使之成为单一指数的形式。用简明、确切、有代表性的数值来表达一定空间范围的环境污染状况，既便于公众直观理解环境污染问题，也有利于公众更好地参与环境污染的防治工作。同时，量化的指数也便于环境管理部门和政府决策部门更有针对性地开展环境保护工作。为此，需要将影响环境污染的各项因子进行综合，来得到环境污染的综合评价指数。基于本书建立一个综合环境指标——污染排放指数，使用一种基于整体差异的客观综合评价方法确定全国各省不同时期的环境质量状况，使该指数能最大限度代表环境污染整体，并弥补以往利用单个或几个独立环境污染指标进行实证研究，无法揭示环境污染整体状况的窘境。

以上研究，首先选取的污染排放指标少，均未考虑二氧化碳排放这一重要指标，评价指标体系构建的全面性不足；其次，绝大部分研究仅从工业污染排放的角度出发，未考虑生活污染排放对于整体污染排放状况的重要性，研究视角有待扩展。

在选取污染排放综合评价方法方面，主要有指数分析法（David Styles et al.，2009）[271]、主成分法（方红卫，等，2009）[272]、因子分析法（Yi - Ming Kuo et al.，2011）[273]、层次分析法（郑健，2013）[274]、模糊评价法（朱相宇，乔小勇，2013）[275]、熵值法（杨万平，等，2008）[189]。上述综合评价方法虽各具优势，但应用于具有时序特点的面板数据时，均存在无法体现不同指标在时间和空间上的信息差异的弱点。

鉴于此，本书将在以下三个方面进行拓展研究：第一，基于1991—2012年我国30个省份九类污染排放指标，将工业生产和生活排放纳入统一的研究框架；第二，运用"改进的纵横向拉开档次法"计算能够衡量整体污染状况的污染排放指数，该方法基于"差异驱动"的原理赋权，突出各评价对象之间的整体差异，使之最大限度拉开档次，以利于评价对象间的排序[276]；第三，将改进的STIRPAT模型与EKC假说相结合，考虑到污染排放的动态累积效应，实证研究不同污染排放水平的影响机制，为减排、降碳提供科学合理的政策依据。

（二）关于中国经济增长动力及其转换

总结来看，基于研究方法与投入要素选择与处理的差异，关于中国经济增长动力来源的研究结论差异甚大，值得进一步研究。本书在董敏杰、梁泳梅（2013）[111]的基础上，将能源、环境引入，建立一个新的非参数经济增长核算框架，更为准确测度TFP对经济增长的贡献。此外，现有文献多从静态、独立的角度研究地域经济增长动力差异，或从地区经济增长源泉收敛效应的角度进行，如郭庆旺、贾俊雪（2005）[205]、吴建新（2009）[277]等，或者多以一个区域单独研究，如张学良（2009）[278]以长三角地区、杨万平（2014）[279]以西部地区为研究对象。本书试图运用重力模型，从动态、空间关联的角度研究中国经济增长动力是否发生区域转移，以及经济增长转移是受资本、劳动力、能源等要素投入驱动还是受TFP抑或是环境损耗驱动。综上所述，本书在一个考虑环境因素的非参数经济增长核算框架下，利用1991—2012年的省级数据，从时间和空间双维度探寻中国经济增长动力转换与转移的动态轨迹，为转变经济增长方式提供了新思路。

3 能源持续利用、环境污染与内生经济增长

20世纪70年代初发生的两件大事促使人们重视经济发展与能源、环境的关系：一是中东石油危机，它造成西方发达国家经济发展过程出现了"滞胀"现象，迫使人们开始重视经济发展与能源、环境的关系；二是罗马俱乐部关于经济增长不可持续的悲观论调，虽然人们大都不同意罗马俱乐部的结论，但它毕竟为人类敲响警钟，提醒人们注意在经济发展过程中要处理好自然资源与环境的关系。迄今为止，罗马俱乐部和其他许多团体预言的地球上关键资源将大部分耗尽的现象并没有发生，这要归功于技术革新，从而使新的资源取代现有的资源。

因此，经济学家开始把能源、自然资源以及环境污染问题引入增长理论中来。新古典经济增长理论将经济增长的动力归于无法解释的外生的技术进步，并没有揭示出经济持续增长的内在机制。考虑能源可持续利用、环境污染与经济增长协调问题需要借鉴现代经济增长理论，特别是内生经济增长理论。内生增长理论克服了新古典经济增长理论将经济增长动力归为无法解释的外在技术进步的不足，将技术进步内生化，刻画了经济持续增长的内在机制。同时内生增长模型以动态最优化为分析工具（动态最优化分析实质上是考虑人们当前利益与长远利益的权衡），在跨期条件下，研究经济的持续稳定增长。因此在某种程度上，内生增长理论是解决可持续发展问题的一种好方法。所以，在强调经济发展可持续性时，经济学家很自然地就把能源与环境问题引入内生增长模型。内生增长模型一旦与能源与环境约束相结合，就可能给出经济可持续增长的最新描述。

改革开放以来，我国经济建设取得了令人瞩目的成就，然而伴随经济高速

增长和工业化进程加快，能源紧缺和环境污染已严重制约我国社会经济发展。如何实现能源发展与环境保护的双赢，是全社会普遍关注的热点问题。为了实现经济可持续增长，我国必须在能源、环境的双重约束下寻求经济增长的最优路径。本章在国内外学者利用内生经济增长模型研究的基础上，基于 R&D 的内生增长模型，将能源消费和环境污染作为独立要素融入生产函数和效用函数进行扩展研究，以探讨在能源和环境约束下经济实现可持续增长的可能性和条件。在研究过程中，主要突出以下特色。

第一，将能源要素内生化进入生产函数，在能源要素中既考虑非再生的耗竭性资源，又充分考虑可再生资源，以符合当前各个国家积极大力发展可再生资源的现状。

第二，将环境污染对经济产生的负效应作为一种独立要素纳入生产函数。

第三，基于人力资本的重要性，区分了劳动力和人力资本，这既符合 Romer 内生增长的本意，也更接近事物的本质。

第四，充分考虑环保投资对环境质量的贡献，将环保投资对环境的正效应纳入分析框架。

第五，采用同时包含了能源消耗和污染物存量的可加的等弹性社会福利函数，将内生增长理论与可持续发展的规范相结合。

3.1　模型构建

3.1.1　内生技术变化增长模型框架

将研究与开发（R&D）理论与内生经济增长结合始于 Romer（1990）[20] 和 Grossman 和 Helpman（1991）[23] 的工作，在这些模型中，技术进步来源于有目的的研究与开发活动。如果经济社会能源源不断地产生新的思想，那么增长率就能在长期中保持正值。但是，目前以内生技术变动为代表的新增长理论还未将资源及环境的约束有效地纳入模型，也未与可持续发展规范相结合。内生经济增长模型一旦与资源环境约束相结合，就可能给出可持续增长方式的最新描述。

本书考虑 5 类部门：最终产品部门、中间产品生产部门、研发（R&D）部门、能源开发部门和环境污染治理部门。为了分析方便，不考虑人口增长，并将经济中人口总数 L 标准化为 1（$L=1$），从而经济中所有的加总变量又可以理解为人均量。假设经济中人力资本的供给不带弹性，总量 H 是固定的，人力资本可以有两种用途，并且它在不同部门之间的分配内生确定：既可以投入最终产品部门，也可以投入研发部门从事技术研发，即研究开发新的中间产品品种或设计方案，投入最终产品部门和研发部门的人力资本数量分别记为 uH 和（$1-u$）H。同时，本书采用连续时间分布，所有变量都是时间 t 的函数，时间 t 不直接进入各函数方程，二是通过变量的变化进行分析，为了书写方便，一律省去下标 t。由此，在劳动力标准化（$L=1$）和人力资本固定（H）的假定下，人均最终产出 Y 的生产函数如下：

$$Y = F(K, 1, H, N, E, P) \qquad (3-1)$$

3.1.2 生产技术

（一）R&D 部门

研究部门是人力资本相对密集，不使用劳动力和物质资本，只使用人力资本和既有知识存量 N 生产新知识或新的中间产品设计的部门。考虑到知识在不断更新的同时，也有老化的事实，本章在知识积累方程中引入 Karl Shell（1966）[280] 模型中关于技术老化的参数，则人均技术知识变动的方程为：

$$\dot{N} = \pi(1-u)HN - \sigma N \ (\pi > 0) \qquad (3-2)$$

式中：$\dot{N}$ 表示人均技术知识的增量；π 为研发部门的生产力参数，相当于设计部门投入单位人力资本和单位技术所产生的技术知识增量；（$1-u$）H 表示研发部门投入的总人力资本；N 表示经济中已有的技术知识存量；σ（$\sigma > 0$）表示知识的老化率。

很明显，$\dfrac{\dot{N}}{N} = \pi(1-u)H - \sigma$，由于 $H > 0$，只要 $[\pi(1-u)H - \sigma] > 0$，即知识的生产速度超过知识的老化速度，便可以实现知识的无限积累。这不仅说明了重视科学技术研究、增加科研部门人力资本的重要性，也表明了科技创新的重要性。

（二）中间产品部门

中间产品部门使用新的产品设计 N 和物质资本 K 生产用作最终产品部门投入的中间品 X。中间品是物质资本的函数，在时刻 t 所获得的所有中间品总和就构成该时刻可获得物质资本总量，并通过中间品进入最终产品部门。

在中间产品部门，在区间 $[0, N]$ 上分布着无数个中间产品生产商，每个生产商只生产一种中间产品，且每种中间产品之间两两不同。一旦新的产品品种或设计方案被 R&D 部门研发出来后，下游的某一中间产品生产商将通过购买该设计方案专利，从而开始这种新中间产品的独家生产。为了模型简化起见，类似 Barro 和 Sala – i – Martin（1995）[281]，假设一旦新的产品品种或设计方案被 R&D 部门发明出来以后，一单位任一种类型的中间产品 $x(i)$ 的生产正好耗费 1 单位的物质资本 K，即生产函数是线性的：

$$x(i) = Y(i) \tag{3-3}$$

因此，经济中的人均物质资本总量就可以表示为：

$$K = \int_0^N x(i)di = NX \tag{3-4}$$

式中：K 为人均物质资本总量；X 为人均中间品产出。

（三）最终产品部门

为了在增长模型中考虑环境和能源问题，Stokey（1998）[49]、陈超和王海建（2002）[69]等将环境污染引入生产函数，但他们衡量污染程度的变量实际上不受技术变化和环境治理的影响，因此在某种程度上具有将环境影响外生化的含义。于渤、黎永亮、迟春洁（2006）[85]、李金铠（2009）[87]提供的方法虽然将环境和能源问题内生化，但由于投资在环境系统中只能具有负效应，而忽略了环保投资的正效应。为了解决这些问题，本书同时将能源和污染引入生产函数，假定能源投入 E 和污染存量 P 都是产出 Y 的必要条件，则经济中的人均产出 Y 取决于最终产品部门使用中间投入 X、劳动 L、人力资本 uH、能源要素 E 和污染物存量 P。生产函数采用 Cobb – Douglas 形式，在劳动力人口为常数 1 的假定下，人均产出 Y 的生产函数为：

$$Y = u^\alpha H^\alpha E^\beta P^{-\theta} \int_0^N x(i)^{1-\alpha-\beta}\mathrm{d}i$$

$$= u^\alpha H^\alpha E^\beta P^{-\theta} N X^{1-\alpha-\beta}$$

$$= u^\alpha H^\alpha E^\beta P^{-\theta} N^{\alpha+\beta} K^{1-\alpha-\beta} \tag{3-5}$$

式中：$0 < \alpha,\ \beta,\ 1-\alpha-\beta < 1$；$\theta > 1$。

（四）资本存量

物质资本的生产可用于三个部分：一是消费 C；二是当期投资 K，直接增加物质资本存量；三是用于改善环境质量的污染治理 V，使污染物存量减少。物质资本的折旧不影响平衡路径上的增长率，因此本书不予考虑，则人均物质资本变化的方程为：

$$\dot{K} = Y - C - V \tag{3-6}$$

式中：$\dot{K}$ 表示人均资本变化率，即单位时间内人均资本的变动量；C 为消费；V 为污染治理投入。

为简便起见，假设环保投资和资本存量之间存在如下关系：

$$V = \phi K \tag{3-7}$$

式中：$0 < \phi < 1$ 为环保投资占资本存量的比例。

将式（3-7）代入式（3-6）整理，可得：

$$\dot{K} = Y - C - \phi K \tag{3-8}$$

（五）能源持续利用下的能源约束

为了实现经济持续增长，决策者必须将一定的能源投入生产，那么能源的生产能力必须满足经济增长对能源的需求。用 S 代表人均能源存量，则 S 包含两种不同性质的能源，一类是可再生能源，另一类是不可再生能源。可再生能源的存量以一定的速度增长；不可再生能源的存量虽然不可长期增长，但随着勘探和生产技术的不断进步，可利用的不可再生能源也可发生变化。技术变化对能源存量的影响通过以下三个途径发挥作用：一是通过勘探技术发掘潜在的不可再生资源；二是通过开采和开发技术提高能源物质的开采效率和中间环节效率；三是生产过程中提高能源的使用效率。从长远看，技术变化使能源存量的增加成为可能，是保障能源存量增加的根本出路，从而使能源约束与经济持续增长关系的研究结论更为科学，也更符合现实。假设技术进步通过以上三个机制使人均能源存量 S 保持一定的自然增长速度，为大于零的常数 η，投入生产的能源为 E，则人均能源存量 S 的变化方程为：

$$\dot{S} = \eta S - E \tag{3-9}$$

式中：$\dot{S}$ 为人均能源存量变化率；$\eta > 0$。

（六）污染治理下的环境约束

为了将环境约束引入内生增长模型，假定环境质量 P 受到两方面的影响：一方面，环境系统对污染物有自净能力；另一方面，人类的生产活动对环境发展产生影响。则人均污染物存量的变动方程为：

$$\dot{P} = \phi^{-b} K^{-b} Y N^{-a} - \omega P \tag{3-10}$$

式中：$\dot{P}$ 为人均污染物存量变化率；a 为能源技术的清洁指数，且大于1；$0 < \omega < 1$ 为一常数，表示环境系统对污染物的自洁能力，ωP 表明污染物存量在任一时点的衰减比例不变，这种线性的假设完全是为了计算的方便。实际上，污染物在环境中的衰减方式是一个很复杂的问题；设 P^{max} 为环境系统的容量阈值，则从可持续发展的角度，在任何时点上污染物存量都必须满足 $P < P^{max}$。N^{-a} 相当于 Stokey（1998）[49] 模型中的 Z，不过它不再独立于生产体系和污染物治理；YN^{-a} 为当期生产活动产生的污染物总量，它与当期的经济产出规模 Y 成正比，与能源技术水平 N 成反比；$\phi^{-b} K^{-b}$ 是环保投资对环境质量的贡献，其中 $1 > b > 0$，b 可认为是环保投资的效率，表明环保投资可以减弱生产和能源消耗对环境的污染；在于渤、黎永亮、迟春洁（2006）[85]、李金铠（2009）[87] 的模型中，污染物产生和产出之间的关系只有一个控制量——技术水平，这暗示着投资在环境系统中只能具有负效应，而忽略了环保投资的正效应。本书用 $\phi^{-b} K^{-b}$ 取代于渤、黎永亮、迟春洁（2006）[85]、李金铠（2009）[87] 模型中的（$1 - \tau$），表明：①环境质量有可能因环保投资稳定增长而改善；②技术对环境质量的贡献不仅包括减少产出所带来的污染，而且包括提高环保投资效率的正效应。这样，经济产出规模带来环境污染、环保投资和环境自净提高环境质量，而技术进步则减少环境污染和提高环保投资效率，环保投资、技术和环境质量被作为一个整体内生化[86]。

通过式（3-10），可以借助于变量 Y、ϕ、N 使能源使用量、污染治理成本同时内生化，能源的使用量 E（通过 Y 起作用）、污染治理投入（通过 ϕ 起作用）和技术的变迁 N 有机组成了一个动态系统，从而完成了变量的内生化过程。

（七）效用函数和目标函数

在一般经济增长模式中，社会福利只是消费的函数，社会福利最大化也就是消费效用。为了将内生增长理论与可持续发展的规范相结合，需要建立一个包含物质消费、能源可持续利用与环境污染的效用函数。本书参考以往的研究，建立同时依赖于消费、能源资源和环境质量的、可加的等弹性效用函数形式：

$$U\ (C,\ S,\ P)\ =\frac{C^{1-\varepsilon}-1}{1-\varepsilon}+\frac{S^{1-\omega}-1}{1-\omega}-\frac{P^{1+\varphi}-1}{1+\varphi} \tag{3-11}$$

式中：U 为瞬时效用函数，值得注意的是污染对 U 提供的是负面作用；C 为 t 时刻的人均最终物质消费量；S 为 t 时刻的人均能源资源存量（包括耗竭性能源和可再生能源）；P 为 t 时刻环境中的人均污染物存量；ε，ω，$\varphi>0$，为消费、能源、污染物的跨期替代弹性的倒数，ε，ω，φ 的值越大，边际效用 U 随着 C、S、P 的增加而递减的速度越快，家庭消费者越不情愿增加现期的消费，经济主体越不注重提高能源储量，不情愿节约现期能源投入，而大量或低效使用能源并排放更多的污染物。

假定存在一个理性的社会计划者，最优规划的目标和任务是使当前一代人与未来所有代人的社会效用现值最大化，也就是在资本、能源和环境的约束下，通过选择适当的路径使跨期效用最大化，这样就可以建立一个时间连续条件下同时考虑能源资源、环境污染与治理的动态模型，并将理性社会计划者的目标转化为动态优化的求解问题。

令 ρ 为跨期效用的贴现率，则无限时域下经贴现后社会总效用为：$\int_0^\infty U(C,S,P)e^{-\rho t}\mathrm{d}t$。由此，理性社会计划者可以建立如下目标函数：

$$\max U(C,S,P) = \max \int_0^\infty U(C,S,P)e^{-\rho t}\mathrm{d}t$$

$$= \max \int_0^\infty e^{-t\rho}\left(\frac{C^{1-\varepsilon}-1}{1-\varepsilon} + \frac{S^{1-\omega}-1}{1-\omega} - \frac{P^{1+\varphi}-1}{1+\varphi}\right)\mathrm{d}t \qquad (3-12)$$

式中：$e^{-\rho t}$称为折现因子，起收敛因子的作用，它是一种复利贴现方法；$\rho > 0$表示折现率或时间偏好率，它是一种主观贴现率。

约束条件：$\dot{N} = \pi(1-u)HN - \sigma N$

$\dot{K} = Y - C - \phi K$

$\dot{S} = \eta S - E$

$\dot{P} = \phi^{-b}K^{-b}YN^{-a} - \omega P$

控制变量：C，E，u，ϕ。

状态变量：N，K，S，P。

这样，一个完整的能源、污染与内生经济增长模型就得到了。

3.2　模型的求解

3.2.1　建立 Hamilton 函数

现代经济增长理论的重要研究结果表明（Barro，Sala-i-Martin，1995）[281]：多数国家的长期增长过程具有稳定的特征，长期增长过程中所有人均变量的增长率都是常数。这一研究结果和发现使得在假设增长具有稳态时，数学处理很方便，否则面对复杂的非线性微分方程将不会得出明确的结论。

为了方便计算和研究，不妨假定长期增长是稳态的，且所有变量的增长率都是常数，则式（3-13）的动态优化问题可以借助庞特里亚金极大值原理进行处理，求解经济社会最优增长的一阶条件等。

基于式（3-13），本书建立现值 Hamilton 函数，并通过求解来研究式（3-13）的最优化问题。为了避免函数与人力资本的符号 H 冲突，本书用 J 来代替一般意义上的现值 Hamilton 函数 H，函数如下：

$$J = U(C,S,P) + \lambda_1(Y - C - \phi K) + \lambda_2[\pi(1 - u)HN - \sigma N]$$

$$+ \lambda_3(\eta S - E) + \lambda_4(\phi^{-b}K^{-b}YN^{-a} - \omega P)$$

$$= \left(\frac{C^{1-\varepsilon} - 1}{1 - \varepsilon} + \frac{S^{1-\omega} - 1}{1 - \omega} - \frac{P^{1+\varphi} - 1}{1 + \varphi}\right) + \lambda_1(Y - C - \phi K)$$

$$+ \lambda_2[\pi(1 - u)HN - \sigma N] + \lambda_3(\eta S - E) + \lambda_4(\phi^{-b}K^{-b}YN^{-a} - \omega P)$$

$$(3 - 13)$$

式中：C，E，u，ϕ 为各个状态变量的中间控制变量；K，N，S，P 为状态变量；λ_1，λ_2，λ_3，λ_4 为状态变量的影子价格。

3.2.2　一阶条件

对 Hamilton 函数分别求 C，E，u，ϕ 的一阶导数，令等于 0，得到一阶条件为：

(1) 由 $\dfrac{\partial J}{\partial C} = 0 \Rightarrow \lambda_1 = C^{-\varepsilon}$ $\qquad(3 - 14)$

(2) 由 $\dfrac{\partial J}{\partial u} = 0 \Rightarrow \lambda_1\dfrac{\partial Y}{\partial u} - \lambda_2\pi HN + \lambda_4\phi^{-b}K^{-b}N^{-a}\dfrac{\partial Y}{\partial u} = 0$

$$\Rightarrow \lambda_2\pi HN = (\lambda_1 + \lambda_4\phi^{-b}K^{-b}N^{-a})\alpha\frac{Y}{u} \qquad(3 - 15)$$

(3) 由 $\dfrac{\partial J}{\partial E} = 0 \Rightarrow \lambda_1\dfrac{\partial Y}{\partial E} - \lambda_3 + \lambda_4\phi^{-b}K^{-b}N^{-a}\dfrac{\partial Y}{\partial E} = 0$

$$\Rightarrow \lambda_3 = (\lambda_1 + \lambda_4\phi^{-b}K^{-b}N^{-a})\beta\frac{Y}{E} \qquad(3 - 16)$$

(4) 由 $\dfrac{\partial J}{\partial \phi} = 0 \Rightarrow -\lambda_1 K - \lambda_4 b\dfrac{K^{-b}YN^{-a}}{\phi^{1+b}} = 0$

$$\Rightarrow \lambda_1 K = -\lambda_4 b\frac{K^{-b}YN^{-a}}{\phi^{1+b}} \qquad(3 - 17)$$

四个欧拉方程式为：

$$\dot{\lambda}_1 = \rho\lambda_1 - \frac{\partial J}{\partial K}$$

$$= \rho\lambda_1 - (1 - \alpha - \beta)\lambda_1\frac{Y}{K} + \lambda_1\phi - \lambda_4\frac{Y\phi^{-b}N^{-a}}{K^{1+b}}(1 - \alpha - \beta - b)$$

$$(3 - 18)$$

$$\dot{\lambda}_2 = \rho\lambda_2 - \frac{\partial J}{\partial N} = \rho\lambda_2 - \lambda_1(\alpha+\beta)\frac{Y}{N} - \lambda_2[\pi(1-u)H-\sigma]$$

$$- \lambda_4 \frac{Y\phi^{-b}K^{-b}}{N^{1+a}}[(\alpha+\beta)-b] \qquad (3-19)$$

$$\dot{\lambda}_3 = \rho\lambda_3 - \frac{\partial J}{\partial S} = \rho\lambda_3 - S^{-\omega} - \eta\lambda_3 \qquad (3-20)$$

$$\dot{\lambda}_4 = \rho\lambda_4 - \frac{\partial J}{\partial P}$$

$$= \rho\lambda_4 + P^{\varphi} + \theta\frac{Y}{P}(\lambda_1 + \lambda_4\phi^{-b}K^{-b}N^{-a}) + \lambda_4\omega \qquad (3-21)$$

横截性条件：$\lim\limits_{t\to\infty}\lambda_1 Ke^{-\rho t} = 0$ $\qquad\qquad$ $\lim\limits_{t\to\infty}\lambda_2 Ne^{-\rho t} = 0$

$\qquad\qquad\qquad$ $\lim\limits_{t\to\infty}\lambda_3 Se^{-\rho t} = 0$ $\qquad\qquad$ $\lim\limits_{t\to\infty}\lambda_4 Pe^{-\rho t} = 0$

3.2.3 稳态增长中各变量增长率的求解

根据动态优化理论，经济社会最优增长路径下，各经济变量的增长速度呈现均衡增长特性。为方便求解和运算，令 g 为各个变量的增长率，即 $g_C = \dfrac{\dot{C}}{C}$、$g_K = \dfrac{\dot{K}}{K}$、$g_N = \dfrac{\dot{N}}{N}$，$g_{\lambda_1} = \dfrac{\dot{\lambda}_1}{\lambda_1}$……。其余依次类推。显然可以根据以上方程求得各变量在稳态经济增长中的增长率，进而可以分析各参数如何影响这些增长率，可以推行什么样的经济政策来实现能源、环境、经济的可持续增长。

（一）各变量之间的关系

（1）由式（3-14）可知：

$$g_N = \frac{\dot{N}}{N} = \pi(1-u)H - \sigma = \pi H - \pi u H - \sigma \qquad (3-22)$$

由于在稳态增长下各变量的增长率为常数，故上式右端为常数，由此：

$$\pi u H = \text{CONSTANT}（常数）$$

上式两端对时间求导，得：

$$g_u = 0 \qquad (3-23)$$

由式（3-23）可知，在稳态下，u 为常数。

（2）由式（3-8）可得：

$$g_K = \frac{\dot{K}}{K} = \frac{Y}{K} - \frac{C}{K} - \phi$$

由于在稳态增长下各变量的增长率为常数，故上式右端为常数，则知：

$$\frac{Y}{K} = \text{CONSTANT}_1 \text{（常数）}, \quad \frac{C}{K} = \text{CONSTANT}_2 \text{（常数）}$$

将上式两端对时间求导，得：

$$g_K = g_Y = g_C \qquad\qquad (3-24)$$

由以上公式可知，必有 ϕ 为常数，则 $g_\phi = 0$。

（3）由式（3-9）可得：

$$g_S = \frac{\dot{S}}{S} = \eta - \frac{E}{S}$$

由于在稳态增长下各变量的增长率为常数，故上式右端为常数，由此：

$$\frac{E}{S} = \text{CONSTANT} \text{（常数）}$$

上式两端对时间求导，得：

$$g_S = g_E \qquad\qquad (3-25)$$

（4）由式（3-18）可得：

$$g_1 = \frac{\dot{\lambda}_1}{\lambda_1} = \rho\lambda - (1 - \alpha - \beta)\frac{Y}{K} + \phi - \frac{\lambda_4}{\lambda_1}\frac{Y\phi^{-b}N^{-a}}{K^{1+b}}(1 - \alpha - \beta - b)$$

由于 g_{λ_1} 为常数，可知：

$$\frac{Y}{K} = \text{CONSTANT}_1 \text{（常数）}, \quad \frac{\lambda_4}{\lambda_1}\frac{N^{-a}K^{-b}Y}{K} = \text{CONSTANT}_2 \text{（常数）}$$

将上式两端对时间求导，整理可得：

$$g_{\lambda_1} = g_{\lambda_4} - ag_N - bg_Y \qquad\qquad (3-26)$$

（5）由式（3-10）可知：

$$g_P = \frac{\dot{P}}{P} = \frac{\phi^{-b}K^{-b}N^{-a}Y}{P} - \omega$$

由于在稳态增长下各变量的增长率为常数，故上式右端为常数，则知：

$$\frac{N^{-a}K^{-b}Y}{P} = \text{CONSTANT} \text{（常数）}$$

将上式两端对时间求导，得：

$$g_P = (1-b)g_Y - ag_N \qquad (3-27)$$

（6）由式（3-5）可得人均产出的 Cobb – Douglas 函数为：

$$Y = u^\alpha N^{\alpha+\beta} K^{1-\alpha-\beta} H^\alpha E^\beta P^{-\theta} \qquad (3-28)$$

式（3-28）两边同时对时间求导，整理可得：

$$(\alpha+\beta)g_Y = (\alpha+\beta)g_N + \beta g_E - \theta g_P \qquad (3-29)$$

（7）由式（3-14）可以推出：

$$g_{\lambda_1} = \frac{\dot{\lambda_1}}{\lambda_1} = -\varepsilon\frac{\dot{C}}{C} = -\varepsilon g_C \qquad (3-30)$$

（8）由式（3-19）可以推出：

$$g_{\lambda_2} = \frac{\dot{\lambda_2}}{\lambda_2}$$

$$= \rho - (\alpha+\beta)\frac{\lambda_1 Y}{\lambda_2 N} - \left[\pi(1-u)H - \sigma\right] - \frac{\lambda_4 Y\phi^{-b}K^{-b}N^{-a}}{\lambda_2 N}\left[(\alpha+\beta)-b\right]$$

由于 g_{λ_2} 为常数，可知：

$$\frac{Y\lambda_1}{N\lambda_2} = \text{CONSTANT}_1 \text{（常数）}, \frac{\lambda_4 N^{-a}K^{-b}Y}{\lambda_2 N} = \text{CONSTANT}_2 \text{（常数）}$$

将上式两端对时间求导，整理可得：

$$g_{\lambda_1} + g_Y = g_{\lambda_2} + g_N \qquad (3-31)$$

（9）由式（3-20）可得：

$$g_{\lambda_3} = \frac{\dot{\lambda_3}}{\lambda_3} = \rho - \frac{S^{-\omega}}{\lambda_3} - \eta$$

由于 g_{λ_3} 为常数，可知：

$$\frac{S^{-\omega}}{\lambda_3} = \text{CONSTANT} \text{（常数）}$$

将上式两端对时间求导，可得：

$$g_{\lambda_3} = -\omega g_S \qquad (3-32)$$

（10）由式（3-21）可知：

$$g_{\lambda_4} = \frac{\dot{\lambda_4}}{\lambda_4} = \rho + \frac{P^\varphi}{\lambda_4} + \theta\frac{\lambda_1 Y}{\lambda_4 P} + \theta\frac{\varphi^{-b}N^{-a}K^{-b}Y}{P} + \omega$$

由于 g_{λ_4} 为常数，可知：

$$\frac{P^{\varphi}}{\lambda_4} = \text{CONSTANT}_1 \text{（常数）}, \frac{\lambda_1 Y}{P\lambda_4} = \text{CONSTANT}_2 \text{（常数）},$$

$$\frac{N^{-a}K^{-b}Y}{P} = \text{CONSTANT}_3 \text{（常数）}$$

将上式两端对时间求导，整理可得：

$$g_{\lambda_4} = \varphi g_P \tag{3-33}$$

$$g_{\lambda_4} + g_P = g_{\lambda_1} + g_Y \tag{3-34}$$

（二）稳态变量的求解

由以上关系式，可以求得下列增长率：

（1）$g_u = g_\phi = 0$ （3-35）

（2）将式（3-22）、式（3-27）、式（3-30）、式（3-33）代入式（3-34）整理得：

$$g_Y = g_K = g_c = \frac{a(1+\varphi)[\pi(1-u)H-\sigma]}{\varphi(1-b)+(\varepsilon-b)} \tag{3-36}$$

（3）将式（3-36）代入式（3-27），整理得：

$$\begin{aligned}
g_P &= (1-b)g_Y - a g_N \\
&= \frac{a(1+\varphi)(1-b)[\pi(1-u)H-\sigma]}{\varphi(1-b)+(\varepsilon-b)} - a[\pi(1-u)H-\sigma] \\
&= \frac{a(1-\varepsilon)[\pi(1-u)H-\sigma]}{\varphi(1-b)+(\varepsilon-b)}
\end{aligned} \tag{3-37}$$

（4）将式（3-36）、式（3-37）代入式（3-29），整理得：

$$\begin{aligned}
g_E &= g_S \\
&= \frac{\pi(1-u)H-\sigma}{\beta[\varphi(1-b)+(\varepsilon-b)]} \Big\{ [(a+b)(1+\varphi)-(\varepsilon+\varphi)] \\
&\quad \times (\alpha+\beta) + a\theta(1-\varepsilon) \Big\}
\end{aligned} \tag{3-38}$$

3.3 结果分析

3.3.1 经济持续增长的必要条件

在能源和环境约束下，经济的持续增长至少要满足三个必要条件：

首先，经济增长速度为正值，即 $g_Y > 0$。由式（3-36）可知：

$$g_Y = \frac{a(1+\varphi)\left[\pi(1-u)H - \sigma\right]}{\varphi(1-b) + (\varepsilon - b)} > 0 \qquad (3-39)$$

则知：

$$\begin{cases} \pi(1-u)H - \sigma > 0 \Rightarrow u < 1 - \dfrac{\sigma}{\pi H} \\[2mm] \varphi(1-b) + (\varepsilon - b) > 0 \Rightarrow \begin{cases} \varepsilon > b + b\varphi - \varphi \\ \varepsilon > 0 \end{cases} \Rightarrow \begin{cases} \varepsilon > b + b\varphi - \varphi \\ b > \dfrac{\varphi}{1+\varphi} \end{cases} \end{cases}$$

$$(3-40)$$

由式（3-39）可知，在人力资本 H 给定的情况下，知识的生产速度 $\pi(1-u)H$、能源技术的清洁指数 a、环保投资效率 b 和设计产出率 π 对经济增长速度 g_Y 起正向作用，知识老化速度 σ 和人力资本在生产部门的配置比例 u 则起负向作用。

其次，生态系统的不可逆性决定了生态系统具有阈值 $P^{\max}$，在生态阈值内，生态系统具备自身净化和恢复能力，一旦超过这个阈值，则生态系统的自身净化和吸收能力将萎缩或丧失，造成永久损失。因此，可持续增长要求在稳态增长中污染物的增长率为负，即 $g_P < 0$，即式（3-37）为负，可知：

$$g_P < 0 \Rightarrow (1-\varepsilon) < 0 \Rightarrow \varepsilon > 1 \qquad (3-41)$$

根据前文的分析可知，ε 为消费的跨期替代弹性的倒数，ε 越大，意味着消费的边际效用递减的速度越快，从而家庭消费的消费偏好越弱，消费欲望不强。可持续增长条件下，$\varepsilon > 1$ 方能保证污染物排放的增长速度为负，这表明为了改善因为污染排放而导致的环境质量下降，必然要增加排污费用，对消费产生了明显的排挤效应。

最后，能源存量能满足能源需求，能源消耗的增长速度不能超过能源存量的增长速度，即 $g_E \leqslant g_S$；同时，经济的持续增长对能源要素的依赖要求能源消耗的增长速度不能高于经济的增长速度，否则，即使有技术因素使能源存量保持一定的增长速度，也最终会使得能源走向枯竭。因此，在稳态增长中有：

$$g_Y \geqslant g_E = g_S \Rightarrow \varepsilon < \frac{(a+b)(1+\varphi)}{\varphi} \tag{3-42}$$

由式（3-40）、式（3-41）和式（3-42）可得：

$$\begin{cases} u < 1 - \dfrac{\sigma}{\pi H} \\ \dfrac{(a+b)(1+\varphi)}{\varphi} > \varepsilon > 1 \\ b > \dfrac{\varphi}{1+\varphi} \end{cases} \tag{3-43}$$

由以上分析可知，在稳态下，经济持续增长的条件由公式 $u < 1 - \dfrac{\sigma}{\pi H}$、

$b > \dfrac{\varphi}{1+\varphi}$ 和 $\dfrac{(a+b)(1+\varphi)}{\varphi} > \varepsilon > 1$ 共同确定。

3.3.2 污染治理与经济可持续增长

由式（3-36）和式（3-37）可以得到环境污染与经济增长的关系为：

$$g_Y = \frac{(1+\varphi)}{(1-\varepsilon)} g_P \tag{3-44}$$

式（3-44）表明了环境污染与经济增长的增长率满足的关系。前面提到只有当 $\varepsilon > 1$ 时，才能满足污染物的增长率为负，这也表明了环境污染对经济可持续增长的影响是巨大的。由于在经济持续增长过程中必然伴随着污染物的产生，并对经济起负面作用，同时由于环境阈值的限制，决定了稳态下污染物的增长速度必须为负。另外，环境污染外在性的存在降低环境质量，从而对消费产生排挤效应，影响社会总的福利效用，因此必须加大污染治理。由式（3-7）和式（3-35）可知，在稳态中污染物的治理投入占资本存量的比例应该保持不变，才能实现经济、环境和能源的持续发展。显然环境治理的投入比例过低，势必破坏均衡增长的稳态，造成环境中的污染物存量 P 大量增加，当污染物存量超过环境容量阈值时，必然诱发环境危机，导致更多的经济损失。

环境保护与经济可持续增长密切联系，而解决环境问题的关键在于加大环保投资力度，提高环保投资效率。由于我国经济发展一直沿着一条高投入、高消耗、高增长、低环保标准的粗放型增长道路发展，所以长期以来人们在发展观念上坚持增长优先的原则，认为加大环境治理投入会影响经济增长，不管是地方政府还是企业都不注重环境保护，导致长期以来环保投入比例严重偏低。近年来，我国在污染治理、环境质量改善和生态保护等方面的投资取得了较好的成效，但现行环保投资仍延续计划经济下的体制，存在诸多问题。当前我国必须树立高度的环保意识，制定有效的环境保护政策，从制度层面上确保环保投资，积极倡导清洁生产方式。

首先，加大环保投资。长期以来，我国环保投资主体单一，政府投资占主导地位，而私人投资相对较少。环境治理中外部性的存在使得私人边际成本和社会边际成本、私人边际收益和社会边际收益差距较大，导致企业按照利润最大化确定的产量和按社会福利最大化确定的产量发生严重偏离的现象，这种现象在缺乏平衡机制的条件下无法在市场上自动消除，使得企业进行环保投资的意愿不足。而市场机制无法克服的外部性又使得实施环境保护的企业在成本收益上不显著，从而实施环境保护的企业缺乏继续实施环保行为的动力。因此，外部性的存在导致我国环保投资主体单一，进而导致环保投资总量不足[86]；同时由于环保投资的不足，使得环保设施长期得不到维护和更新，导致设施难以达到设计的预期效果。另外大部分污染企业都是自建自营环保设施，没有充分利用社会分工，不能发挥专业化治污企业的资金技术优势和规模经济效应。因此，政府应当从制度上加大治理外部不经济性的存在，同时培育多元的环保投资主体，解决环保投资不足的问题。

其次，制定和完善污染排放标准和法律制度，加大处罚力度。通过法律层面对经济活动主体产生的外部不经济性进行限制和管制，使外部不经济效果的产生者受到约束；企业根据"污染者付费原则"承担环境污染的风险，使企业逐步成为环保投资的主体，坚决杜绝在环境保护上的"免费搭政府公车的现象"；加大对"偷排偷放"的处罚力度，罚款必须大于企业的环保投资，使得企业自觉进行环保投资。

最后，转变经济增长方式。协调经济发展和环境保护，减少生产不是出路，关键在于以不同的方式进行生产。推进循环经济，转变经济增长方式是当务之急，"减量、再用、循环"是经济持续增长与能源、环境和谐发展的战略选择。

3.3.3　能源消费与经济可持续增长

从已有的国内外关于能源约束下经济持续增长不多的文献来看，绝大多数也只是基于能源的耗竭性出发，得出了经济持续增长条件下，耗竭能源的增长速度必须为负，否则经济持续增长将不能持续的结论。很显然，这些研究是相对片面的，不考虑可再生资源对能源存量的影响不仅不够科学，也不符合世界各国正在大力发展可再生资源的事实。更为重要的是，就研究意义来说，这一片面的研究并没有把内生增长模型的本质和内在逻辑与耗竭性能源对经济增长的约束相互结合起来。事实上，就内生增长理论的内在逻辑来看，正式内生技术解决了其他要素的规模递减，才使经济的持续增长成为可能。

技术变化对能源存量的影响通过以下三个途径发挥作用：一是通过勘探技术发掘潜在的不可再生资源；二是通过开采和开发技术提高能源物质的开采效率和中间环节效率；三是生产过程中提高能源的使用效率。从长远来看，技术变化使能源存量的增加成为可能，是保障能源存量增加的根本出路，从而使能源约束与经济持续增长关系的研究结论更为科学，也更符合现实。

可持续发展理论认为，能源的利用必须遵循的最低安全标准（Daly，1989，1994）[282,283]是：社会使用的可再生能源的速度不得超过其更新的速度和社会使用不可再生能源的速度不得超过其替代品的、可持续利用的可再生能源的开发速度。就世界各国目前的状况看，不可再生资源的消费占绝对比重，经济发展过分依赖石油、煤炭等耗竭性能源，最低安全标准难以保证。因此，在可再生资源的比重达到一定比例之前，在能源的使用上必须采取能源的"开源"与"节流"并重的政策。

首先，"开源"是保证，必须加大现有能源特别是耗竭性能源的开发。要想保证能源供给，一方面必须加大能源的勘探技术的开发，充分探明和挖掘现有能源储量，另一方面要"开"可再生能源之"源"，这是根本出路。显然，不可再生能源的再生率尽管可以依靠勘探和利用技术在短期内得以提高，但其储量的有限性决定了其自然增长率随时间推移逐渐收敛于零，而可再生资源的增长不受储量的限制，因此可再生能源才是"开源"之本，也是能源和经济走向可持续发展的必由之路。当前我国不仅主要能源的人均拥有量远低于世界平均水平，而且耗竭性化石能源的消费比重高达 92% 以上，水电、核电、风电等清洁、优质的非化石燃料的比重仅有 8%。所以，必须加大可再生资源技术的投入力度，努力开发风能、水能、生物能、太阳能等以替代耗竭性化石能源，这是能源、环境约束下经济可持续增长的根本出路[87]。

其次，"节流"是关键，必须在能源的开发和利用等各个环节实施能源节约政策。在稳态下，无论从经济持续增长还是减少污染排放角度，都必须在保持经济适度增长的前提下，节约能源使用，减少能源投入。

当前我国的能源强度偏高，是美国的 3.61 ~ 6.79 倍、日本的 7.30 ~ 18.99 倍，甚至远高于一些发展中国家，如是印度的 1.24 ~ 3.84 倍，巴西的 2.44 ~ 10.11 倍。能源节约一是靠能源使用技术，提高能源效率，降低能源强度；二是转变经济增长方式，大力进行结构调整，不断促进结构升级，淘汰高能耗产业，使经济增长的支柱产业和主导产业转移到低能耗产业上来。目前我国正处于重化工业阶段，随着工业化和城市化的发展和世界制造中心向我国的转移，能源与资源的消耗速度和污染物排放快速增加，对经济增长的约束已经日益显现，因此，调整结构是当务之急。

在建设与中国经济增长、资源和环境状况要求相适应的能源开发和利用体制方面，市场机制比行政手段更有效。选择能源跨期利用的合理路径主要依靠市场，同时辅以适度的政府干预。为了建立有效的市场机制，实现能源优化配置，必须让价格真实地反映供求关系，从而能够引导适度投资。因此，降低能源强度的关键是在经济发展战略中考虑到能源约束，建立合理的能源价格机制，使能源价格既能反映能源资源禀赋，又能反映能源生产成本，还能反映能源消费所带来的外部效应。

3.3.4　人力资本积累、技术创新与经济持续增长

在稳态下，由式（3 - 36）可知，其他条件不变时，经济增长速度与人力资本呈同方向变动，因此增加人力资本投资，可以使稳态下的经济增长速度得到提高；进一步考察在人力资本一定的情况下，经济增长速度与人力资本分配在最终产品部门的比例呈反方向变化，而与分配在研发部门的比例呈同方向变动。由此可见，真正对经济增长速度产生影响的是研究部门的人力资本投资，

可以通过增加人力资本的总投资或者增加研究部门人力资本的比重使经济持续增长。

上述结论说明了研究部门的人力资本对经济增长的重要性，正是因为研究部门人力资本可以生产出更多的知识和技术产品，而这些设计和技术所具备的外溢性改变了其他生产要素规模效益递减的现象，使经济的持续增长成为可能。也就是说，技术和知识是经济增长的最终"源泉"，这也是内生技术变化模型的根本所在。

通过对基于 Romer 内生技术变化增长理论模型的扩展，本书详细论证了内生技术如何克服能源和环境污染存量对经济增长的约束，从而在内生技术的作用下，即使在能源和环境约束的情况下，实现经济的持续增长也成为可能。首先，技术对能源约束的突破。技术变化通过三个途径使能源存量保持一定增长速度的可能性。若进一步把能源存量的增长速度看作研究部门生产的知识和技术的函数，则随着技术因素的增加，使经济持续增长突破能源约束成为可能。其次，技术对环境污染的突破和解决。通过清洁指数将技术对污染物的"清洁"作用表现出来，这种作用体现在通过先进的技术设备和环保设备，不仅可以提高能源效率，节约能源和减少污染排放，同时还体现在对污染物本身的治理和处理上。随着技术的发展，一些污染物可能"变废为宝"，成为新的有用之物。

由以上分析可知，不断创新和变化的内生技术使经济的持续增长突破现有的能源瓶颈和环境约束成为可能，从而在内生技术的作用下持续的经济增长成为可能。这也从另一个角度为科学技术是第一生产力提供了佐证。"十五"以来，由于科教兴国战略的实施，我国科技活动人力的素质和科技投入增长虽然有所增加，但科技投入仍然不足，R&D 强度明显偏低：2001 年不足 1%，2006 年也只有 1.42%。为此，在政策实施上必须做到：坚持科教兴国战略，重视科学研究，鼓励技术创新；尊重人才，加大人力资本投资，注重知识积累。

3.4　结论

本章通过对以往研究者成功经验的吸收，在克服已有缺陷的基础上，将能源、环境同时引入生产函数和效用函数，构建了一个基于 Romer（1990）的产品种类扩张的三部门内生增长模型，完整地刻画了能源可持续利用、污染治理、研发创新与经济可持续增长的内在机理。通过研究，本章得到了以下几点重要的结论与政策启示。

第一，在基于产品种类扩张的五部门内生增长模型中，经济增长是可持续的。由于在内生技术模型中引入了人力资本和技术知识的积累，而人力资本和技术知识的生产技术比生产有形资本品的技术更加节能清洁，因此，边际产出的趋势可以由人力资本和技术知识的积累所抵消。在稳态下，经济持续增长的条件由公式 $u < 1 - \dfrac{\sigma}{\pi H}$、$b > \dfrac{\varphi}{1 + \varphi}$ 和 $\dfrac{(a + b)(1 + \varphi)}{\varphi} > \varepsilon > 1$ 共同确定。模型的基本结论表明了研发和人力资本投资对经济可持续增长的关键作用：一方面，人力资本积累和技术进步是经济长期增长的动力源泉；另一方面，由于生产人力资本和技术知识的技术比生产物质资本的技术更加节能清洁一些，从而在能源消费、环境污染的限制下，使得人力资本开发和技术创新成为维持经济可持续增长的重要手段。

第二，在人力资本 H 给定的情况下，知识的生产速度 $\pi(1 - u)H$、能源技术的清洁指数 a、环保投资效率 b 和设计产出率 π 对经济增长速度 g_Y 起正向作用，知识老化速度 σ 和人力资本在生产部门的配置比例 u 则起负向作用。这一结论提醒人们，作为社会计划者的政府可以在人力资本开发、研发、环保等部门有所作为：首先，政府干预可能影响到人力资本开发部门以及人力资本在生产部门的配置比例，从而提高人力资本水平，适当降低人力资本在生产部门的配置比例，则会提高经济的长期增长率。在本质上正是由于研发部门人力资本可以生产出更多的知识和技术，而这些知识和技术所具备的外溢性改变了古典、新古典模型中其他生产要素规模收益递减的现象，使经济的持续增长成为可能；其次，政府可以直接从事研发活动，或者通过财政补贴、税收优惠、支持创业投资市场等方式鼓励私人企业增加研发投资，从而提高长期经济增长率；最后，政府可以倡导开发和使用清洁能源来提高能源清洁指数，提高环保投资效率，从而提高长期经济增长率。

第三，在稳态中污染物的治理投入占资本存量的比例应该保持不变，治理效率应有最小值的约束，才能实现经济、环境和能源的持续发展。显然环境治理的投入比例和效率过低，势必破坏均衡增长的稳态，造成环境中的污染物存量大量增加，当污染物存量超过环境容量阈值时，必然诱发环境危机，导致更多的经济损失。目前我国已经成为世界上污染物的主要排放国之一。当前我国必须树立高度的环保意识，制定有效的环保政策，提高环保投资效率，从制度层面上确保环保投资水平，积极倡导清洁生产方式。

4 中国污染综合排放的省际分布、动态排序及影响机制

改革开放以来，中国年均 9.8% 的经济持续增长举世瞩目。然而在经济高速增长的同时，和世界上其他国家一样，也遇到了能源短缺、环境恶化等一些棘手的难题，对经济增长所付出的能源、环境代价也存在诸多的争议。面对日益严重的环境污染与日益紧张的能源供求矛盾，20 世纪 90 年代中期，中国政府将可持续发展作为国家基本战略，开始全面关注能源、环境问题。这期间虽然出现了一些局部的改善[284]，但 2002 年以来，中国经济整体进入重工业化时期，对能源的依赖日渐加强，环境污染呈现加剧的趋势，环境质量面临较大压力。因此正确认识中国的环境污染状况，分析把握能源因素、经济因素对污染排放的影响，寻求环境污染和经济增长之间的规律，探索环境治理的科学方法，无疑对经济发展具有重大的理论意义和实践意义，从而可以促进中国经济的长期可持续发展。

4.1 环境污染综合评价指数构建

4.1.1 环境污染综合评价方法与步骤

虽然国内外关于综合评价方法的研究文献不少，但大多数仍处于理论摸索阶段，研究方法尚未成熟。由郭亚军（2007）[285] 总结的多属性综合评价理论与方法，不仅在管理科学与工程领域中占有重要的地位，而且在经济管理决策领域也是不可或缺的重要内容，具有重大的实用价值和广泛的应用前景。该理论论述了基于时序动态视角的"纵横向拉开档次法"，该方法具有简单易用、评价过程客观、能最大限度地体现各评价对象之间的整体差异等特点，特别适用于面板数据。杨万平（2010）[269] 首次将该方法用于环境评价，但此尝试对

于原始数据的无量纲化处理还存在改进的空间。因此本书采用"改进的纵横向拉开档次法"（郭亚军，2011）[276]进行环境质量评价，评价方法如下。

对于综合评价问题，综合评价函数的设置十分重要，本研究这样定义综合评价函数：

$$y_i(t_k) = \sum_{j=1}^{m} \omega_j x_{ij}(t_k)$$

式中：$y_i(t_k)$ 为被评价省份在 t_k 时期的综合评价值；ω_j 是指标权重；$x_{ij}(t_k)$ 是在 t_k 时期 i 省的第 j 个评价指标。

本书所采用的综合评价方法与其他方法最大的不同就是指标权重能够最大限度地体现被评价对象之间的差异，我们用 $y_i(t_k)$ 的离差平方和代表，其公式如下：

$$\sigma^2 = \sum_{k=1}^{N} \sum_{i=1}^{n} [y_i(t_k) - \overline{y}]^2 \tag{4-1}$$

因为对 $\{x_{ij}(t_k)\}$ 的原始数据要无量纲处理，且

$$\overline{y} = \frac{1}{N} \sum_{k=1}^{N} \left[\frac{1}{n} \sum_{i=1}^{n} \sum_{j=1}^{m} \omega_j x_{ij}(t_k) \right] = 0$$

从而式（4-1）可换算为：

$$\sigma^2 = \sum_{k=1}^{N} \sum_{i=1}^{n} [y_i(t_k)]^2 = \sum_{k=1}^{N} \left[\omega^T H_k \omega \right] = \omega^T \sum_{k=1}^{N} H_k \omega \tag{4-2}$$

式中：$\omega = (\omega_1, \omega_2, \cdots, \omega_m)^T$；$H = \sum_{k=1}^{N} H_k$，为 $m \cdot m$ 阶对称矩阵。

$H_k = A_k^T A_k (k = 1, 2, \cdots, N)$，且

$$A_k = \begin{bmatrix} x_{11}(t_k) \cdots x_{1m}(t_k) \\ \vdots \qquad \vdots \\ x_{n1}(t_k) \cdots x_{nm}(t_k) \end{bmatrix} \tag{4-3}$$

由此我们得出结论：如果 $\omega^T \omega = 1$，且 ω 为矩阵 H 的最大特征值 $\lambda_{max}(H)$ 所对应的特征向量时，σ^2 取最大值，有 $\max\limits_{\|\omega\|=1} \omega^T H \omega = \lambda_{max}(H)$。

在确定了综合评价函数和权重系数后，下面将原始数据代入进行计算，具体评价步骤如下。

（1）指标数据的标准化。为了最大限度地反映现实情况，排除由于指标的量纲和数量级的巨大悬殊产生的不可公度性问题，首先需要对原始指标数据进行无量纲化处理。然而，由于无量纲化的处理方法对于评价结果产生较大影响，应选择使整体差异大的无量纲化方法。因此在进行无量纲化处理前，需要决定使用哪一种无量纲化方法。常用的无量纲化方法有标准化处理法、极值处

理法、线性比例法、归一化处理法、向量规范法及功效系数法等（郭亚军，2007）[285]。对于任意 j，若有 $M_j > 2m_j > 0$，在常用的无量纲方法中，线性比例法 $x_{ij}^* = x_{ij}/m_j$ 使被评价对象间整体差异最大；对于任意 j，若有 $0 < M_j < 2m_j$，在常用的无量纲方法中，极值处理法 $x_{ij}^* = (x_{ij} - m_{ij})/(M_j - m_j)$ 使被评价对象间整体差异最大；若既存在 j'，使得 $M_j' > 2m_j'$，又存在 j''，使得 $0 < M_j'' < 2m_j''$，$jj' \neq j''$，在线性比例法 $x_{ij}^* = x_{ij}/m_j$ 和极值处理法 $x_{ij}^* = (x_{ij} - m_{ij})/(M_j - m_j)$ 中，使 $\sum s_j^{*2}$ 较大的那种无量纲方法，可使被评价对象间整体差异最大。根据本书的计算，采用线性比例法。设 $\{x_{ij}(t_k)\}$ 表示样本 i 的第 j 个指标在 t_k 时刻的数值（$i = 1,2,\cdots,m$；$j = 1,2,\cdots,n$；$k = 1,2,\cdots,N$），可得：

$$x_{ij}^*(t_k) = x_{ij}(t_k)/m_j(t_k) \tag{4-4}$$

式中：$x_{ij}^*(t_k)$ 为标准化后的值；i 代表省份；j 为指标；$x_{ij}(t_k)$ 为原始指标值；$m_j(t_k)$ 为第 j 个指标的最小值。

（2）计算实对称矩阵 H_k。$H_k = A_k^T A_k (k = 1,2,\cdots,N)$，且

$$A_k = \begin{pmatrix} x_{11}'(t_k) & \cdots & x_{1m}'(t_k) \\ \vdots & & \vdots \\ x_{n1}'(t_k) & \cdots & x_{nm}'(t_k) \end{pmatrix} \quad (k = 1,2,\cdots,N) \tag{4-5}$$

（3）求解实对称矩阵 H 的最大特征值及相应的标准特征向量 λ'。

$$H = \sum_{k=1}^{N} H_k \tag{4-6}$$

式中：H 为 $m \cdot m$ 阶对称矩阵（$k = 1,2,\cdots,N$）。

（4）计算权重 ω_j。对标准特征向量 λ' 进行归一化处理，以确定组合权向量 ω_j。

（5）计算综合指数值 $P_i(t_k)$。

$$P_i(t_k) = \sum_{j=1}^{n} w_j x_{ij}'(t_k) (k = 1,2,\cdots,N; i = 1,2,\cdots,m) \tag{4-7}$$

式中：$P_i(t_k)$ 为第 j 地区 t_k 年的综合指数值；ω_j 为第 j 个指标的权重值。

4.1.2　指标选取

在已有文献中，如何表示环境污染程度存在某些分歧，这种分歧不仅体现在对污染物种类及其统计口径的选择上，而且体现在污染数据的预处理方法上。目前还没有一个能够全面、科学地表征环境破坏和资源损耗整体水平的一

般性环境指标。因此，在绝大多数情况下，人们只能采用各种各样的具体指标从各个角度来反映整个生态环境的情况，但这种做法无异于盲人摸象，只见局部、不见整体。

对环境污染的全面评价是将环境污染这一复杂过程的多项影响因子进行综合，使之成为单一指数的形式。用简明、确切、有代表性的数值来表达一定空间范围的环境污染状况，便于公众直观理解环境污染问题，也有利于公众更好地参与环境污染的防治工作。同时，量化的指数也便于环境管理部门和政府决策部门更有针对性地开展环境保护工作。由于是经济学角度的研究，不是环境科学和环境管理的研究，没有必要细化到某一种污染物的排放，否则不能从整体上把握环境变化的状况。基于此，本书建立一个综合环境指标——污染排放指数，使该指数能最大限度代表环境污染整体，并弥补以往利用单个或几个独立环境污染指标进行实证研究，无法揭示环境污染整体状况的窘境。

为此，需要将影响环境污染的各项因子进行综合，来得到环境污染的综合评价指数。首先要确定影响环境污染的各项因子。

有关利用环境污染指标衡量环境污染水平的文献，国内已有不少，从单一指标到多指标不一而足。涂正革（2008）[243]、陈红蕾、陈秋峰（2009）[286]均采用单一指标二氧化硫评价环境污染状况；林伯强、蒋竺均（2009）[1]采用二氧化碳衡量环境质量；Song 等（2008）[287]利用固体废物衡量。虽然采用单一指标能够体现环境系统的局部污染状况，如大气或土壤等，但难以体现整个环境系统的污染状况，缺乏全面性。

袁晓玲等（2009）[288]在研究中国全要素能源效率时，选取工业废水排放量、工业废气排放量、工业烟尘排放量、工业粉尘排放量、工业二氧化硫排放量、工业固体废弃物产生量6个污染排放指标，衡量总体的污染排放状况；杨龙、胡晓珍（2010）[268]和杨万平（2010）[269]同样将多项污染排放指标综合成一个污染排放指数；袁晓玲等（2011）[270]从综合排放视角出发，以工业污染排放为主，兼顾生活污染排放，选取工业废水排放总量、生活污水排放量、废气排放总量、工业二氧化硫排放量、工业烟尘排放量和工业粉尘排放量、工业固体废弃物产生量等9项指标综合评价环境状况[10]。以上研究，首先选取的污染排放指标少，均未考虑二氧化碳排放这一重要指标，评价指标体系构建的全面性不足；其次绝大部分研究仅从工业污染排放的角度出发，未考虑生活污染排放对于整体污染排放状况的重要性，研究视角有待扩展。

本书借鉴已有的指标选取思路，并依据人类活动对于主要环境要素的影响，充分考虑环境污染的全面性与复杂性。从大气、水体和土壤三个维度出发，选取废水排放总量、工业废气排放量、烟尘排放总量、二氧化硫排放总量、工业固体废弃物产生量、二氧化碳排放量、生活垃圾清运量、化肥施用量和农药使用量9个指标衡量大气、水体和土壤的受污染情况。

4.1.3 评价指数的构建

本书的研究范围覆盖除西藏、台湾、香港和澳门以外的所有地区（以下均为省），构造了省际年度面板数据。具体构造过程如下。

工业废气排放量、二氧化硫排放总量、烟（粉）尘排放总量、废水排放总量、工业固体废弃物产生量、生活垃圾清运量和化肥施用量数据均来自《中国统计年鉴》和各省市自治区统计年鉴。其中，二氧化硫排放总量和废水排放总量数据[①]是由工业和生活的二氧化硫、废水排放量加总而成，烟（粉）尘排放总量是根据最新的统计口径由工业和生活烟尘排放量加总形成的；完整的农药使用量数据来源于《中国农村统计年鉴》。

目前我国官方并未统计二氧化碳排放数据，《中国能源统计年鉴》提供了比较完整的各省各类能源消费和电力消费的数据，本书将最终能源消费种类划分为原煤、焦炭、原油、汽油、煤油、柴油、燃料油、天然气和电力9类，根据它们各自的标准煤转换系数和碳排放系数测算出各省的二氧化碳排放量。具体系数见IPCC《国家温室气体排放清单指南》2006版，本书不再赘述。

本书选取的污染排放指标见表4-1。

表4-1 中国污染排放评价指标体系

目标层	准则层	指标层	单位	样本区间
污染排放综合评价指数（PEI）	大气污染	二氧化碳排放量（CO_2）	亿吨	1995—2012年
		二氧化硫排放总量（SO_2）	万吨	1991—2012年
		烟（粉）尘排放总量（SE）	万吨	1991—2012年
		工业废气排放量（IE）	亿标立方米	1991—2012年
	水体污染	废水排放总量（WE）	亿吨	1991—2012年
	土壤污染	生活垃圾清运量（TG）	万吨	1996—2012年
		化肥施用量（CF）	万吨	1991—2012年
		工业固体废物产生量（ISWG）	万吨	1991—2012年
		农药使用量（UP）	吨	1991—2012年

① 废水排放总量包含的生活排放部分是指生活污水排放量。

此外，由于各评价指标的样本区间不一致，无法计算有效的指数，因此，本书借鉴陈诗一（2012）的处理方法，分别构建不同样本区间的3个分指数，并对重复的样本区间进行平均处理，进而获得各省份在1991—2012年的污染排放指数序列[289]。这种方法能够有效减小单模型评价指数带来的偏差。具体构建形式见表4-2。

表4-2　污染排放指数的构建

总指数	分指数	样本区间	包含指标
污染排放指数	1	1991—2012 年	SO_2, SE, IE, WE, ISWG, UP
	2	1995—2012 年	SO_2, SE, IE, WE, ISWG, UP, CO_2
	3	1996—2012 年	SO_2, SE, IE, WE, ISWG, UP, CO_2, TG

在选取污染排放综合评价方法方面，主要有指数分析法（David Styles et al.，2009）[271]、主成分法（方红卫，等，2009）[272]、因子分析法（Yi-Ming Kuo et al.，2011）[273]、层次分析法（郑健，2013）[274]、模糊评价法（朱相宇，乔小勇，2013）[275]、熵值法（杨万平，等，2008）[189]。上述综合评价方法虽各具优势，但应用于具有时序特点的面板数据时，均存在无法体现不同指标在时间和空间上的信息差异的弱点。本书为了解决已有文献缺乏关于环境污染物排放整体情况评价的问题，选取9个污染排放指标，运用"改进的纵横向拉开档次法"（郭亚军，等，2011）[276]，评价了除西藏和香港、澳门、台湾以外的30个省及地区在1991—2012年的环境污染状况及动态变化过程，构建成环境污染排放指数（下称EPI）。

4.2　中国区域环境污染的差异

本书运用"改进的纵横向拉开档次法"综合评价了除西藏和香港、澳门、台湾以外的30个省及地区的环境污染，利用矩阵运算软件MATLAB7.0求出了各指标相应的权重系数值，进而求得各省及地区的环境污染排放指数。环境污染排放指数越大，说明污染排放越多。计算结果见表4-3。

表 4-3 中国省域及地区污染排放指数及排序（1991—2012 年）

地区	1991 年 指数	1991 年 排序	1995 年 指数	1995 年 排序	2000 年 指数	2000 年 排序	2005 年 指数	2005 年 排序	2010 年 指数	2010 年 排序	2012 年 指数	2012 年 排序	均值 指数	均值 排序	最大序差 1991—2012 年	最大序差 2006—2012 年
北京	11.7	23	12.3	25	7.4	26	5.7	28	3.8	30	3.0	30	7.1	26	7	2
天津	5.1	27	7.6	27	6.5	27	6.6	26	5.2	28	4.2	29	5.6	27	3	2
河北	36.7	4	51.0	3	49.3	2	64.1	2	59.6	1	56.9	1	52.9	2	4	1
山西	22.2	11	30.8	11	38.4	6	48.4	4	39.2	5	37.1	4	37.0	7	9	1
内蒙古	17.9	15	21.5	17	17.3	19	36.5	9	37.7	6	33.5	6	25.6	13	13	4
辽宁	42.2	3	44.6	5	38.3	7	44.2	6	39.4	4	35.4	5	40.6	5	5	2
吉林	13.8	20	17.2	19	13.5	22	18.5	21	16.8	21	15.6	22	15.5	22	3	1
黑龙江	24.0	10	22.8	15	18.1	17	25.2	16	22.8	15	24.2	15	22.3	16	9	1
上海	14.9	19	14.4	23	11.6	23	11.4	25	7.9	26	5.2	28	11.2	25	9	3
江苏	43.7	2	45.8	4	40.1	4	48.1	5	35.6	7	31.1	7	41.3	4	6	2
浙江	20.5	13	24.2	14	23.1	15	25.6	15	20.6	18	17.8	18	23.0	15	7	2
安徽	21.0	12	32.5	9	26.7	11	32.1	13	32.6	8	30.9	8	29.6	11	5	4
福建	12.2	22	16.7	21	17.2	20	21.3	19	20.2	19	16.9	21	17.9	20	9	4
江西	19.1	14	25.7	12	25.1	13	30.4	14	27.8	13	24.7	13	25.6	12	4	1
山东	52.2	1	71.3	1	60.6	1	68.3	1	54.7	2	50.8	2	62.1	1	1	1

续表

地区	1991年		1995年		2000年		2005年		2010年		2012年		均值		最大序差	
	指数	排序	指数	排序	指数	排序	指数	排序	指数	排序	指数	排序	指数	排序	1991—2012年	2006—2012年
河南	24.4	9	41.3	6	43.4	3	58.7	3	47.8	3	44.4	3	44.6	3	6	0
湖北	25.5	8	40.4	7	34.5	8	35.3	11	32.3	10	30.8	9	33.4	9	4	2
湖南	26.0	7	31.1	10	31.5	10	37.6	8	32.1	11	27.8	11	32.0	10	4	3
广东	29.8	6	35.9	8	32.6	9	36.3	10	31.8	12	29.0	10	33.8	8	9	5
广西	16.0	16	25.3	13	26.5	12	32.2	12	27.2	14	21.2	16	25.2	14	5	3
海南	1.9	29	2.6	29	2.7	29	3.5	29	5.4	27	5.4	27	3.3	29	3	3
重庆	16.0	17	18.5	18	16.7	21	16.5	22	13.8	24	10.2	24	15.7	21	7	2
四川	34.3	5	52.3	2	40.0	5	41.6	7	32.5	9	25.0	12	38.1	6	10	5
贵州	13.5	21	16.9	20	25.1	14	25.1	17	20.7	17	15.5	23	21.9	17	13	8
云南	10.8	24	16.0	22	17.5	18	20.8	20	21.3	16	24.3	14	18.2	19	10	5
陕西	15.8	18	22.4	16	18.8	16	23.3	18	19.2	20	17.6	20	19.7	18	4	2
甘肃	10.2	25	13.6	24	11.4	24	14.3	23	14.8	23	17.6	19	13.0	23	6	5
青海	1.8	30	2.1	30	2.1	30	3.3	30	4.7	29	8.8	25	3.2	30	5	5
宁夏	3.4	28	4.9	28	5.1	28	6.5	27	8.0	25	6.7	26	5.5	28	3	1
新疆	6.5	26	11.2	26	9.4	27	13.2	24	16.7	22	19.7	17	11.8	24	9	6

注：表中少数指数相同，排序仍按四舍五入前的结果分出先后。

4.2.1　省级区域差异

按照表 4-3 的均值污染指数进行排序，从省级区域看，在样本区间内，污染排放最少的省份和地区（均值排序后 6 位的省份和地区）为青海、海南、宁夏、天津、北京、上海，这些省份和地区的环境污染排放指数在 10 以下或略超 10；污染排放最多的省份和地区（均值排序前 10 位的省份和地区）为山东、河北、河南、江苏、辽宁、四川、山西、广东、湖北、湖南，这些省份和地区的环境污染排放指数在 30 以上；污染排放较少的省份和地区（均值排序 19~24 位的省份和地区）为甘肃、新疆、重庆、吉林、福建、云南，这些省份和地区的环境污染排放指数介于10~20；污染排放较多的省份和地区（均值排序 11~18 位的省份和地区）为陕西、贵州、浙江、黑龙江、江西、内蒙古、广西、安徽，这些省份和地区的环境污染排放指数介于 20~30。直观地看，在样本区间内，污染排放最多的省份和地区数（10 个）多于污染排放最少的省份和地区数（6 个）；污染排放较多的省份和地区数（8 个）多于污染排放较少的省份和地区数（6 个）；而且污染排放最多的省份和地区中，中东部省份和地区占到 10 个中的 9 个（东部 5 个，中部 4 个）。可见，中东部省份依然是我国污染排放的重灾区，减排难度最大。

4.2.2　东、中、西三大区域差异

从东、中、西三大区域看（见图 4-1），在样本区间内，东、中、西三大区域的平均污染排放值基本上处于先上升后下降的趋势。以 2005 年为分界点，2005 年以前三大区域的平均污染排放值基本处于一波又一波的上升通道中，2005 年达到三大区域平均污染排放值的最大值，2005 年后三大区域的排放均值一直处于下降趋势，中部地区的下降幅度最大，西部地区下降幅度最小。中部和东部的平均污染排放值高于全国的平均值，西部平均值低于全国平均值。中部的平均值最大，东部的平均值略高于全国平均值，西部平均值最小。图 4-1所显示的环境污染排放评价指数演变规律，与我国所实施的环境保护政策是密切相关的。因此，本书将我国环境污染排放指数演变进程分为三个不同的阶段。

1996—2000 年各区域的指数整体上处于上升阶段，说明这段时期是我国

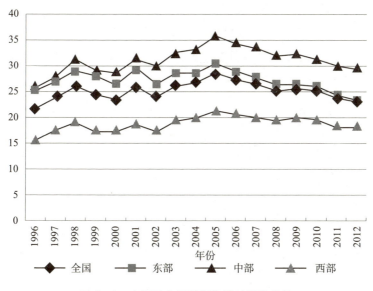

图 4-1　全国及分区域污染排放指数趋势

污染排放增长阶段。20 世纪 90 年代，我国处在经济快速发展轨道，与此相对应的是我国环保政策的制定一直滞后于经济发展，我国的环境保护"五年"规划也处于发展和提高的阶段。20 世纪 90 年代中期，我国制定了《国家环境保护"九五"计划和 10 年目标》，这份计划也是在我国国民经济和社会发展计划的编制理念发生重大变化，国家实行两个具有全局意义的根本性转变和两大战略的背景下提出的，是一份以"污染防治"为主的计划。该计划提出实施《"九五"期间全国主要污染物排放总量控制计划》，把主要污染物排放量控制在国家计划指标之内。虽然"九五"计划的执行使得我国环境污染加剧的趋势基本得到遏制，但是主要污染物排放总量仍处于较高水平。比如：2000 年全国二氧化硫排放量为 1995 万吨，远远高于环境承载能力；常规污染物排放总量削减的任务还未完成，机动车尾气污染、农村面源污染等新的环境污染问题日益突出。因此，无论从全国还是三大区域来看阶段污染排放处于上升通道。进入 21 世纪的前五年（2001—2005 年），国家"十五"环保计划编制并实施了《"十五"期间全国主要污染物排放总量控制分解计划》，确定了 6 项主要污染物排放总量控制指标；在工业污染防治方面，提出严格控制新污染、淘汰污染严重的落后生产能力、禁止被关闭淘汰企业的落后生产装置和设备向西部地区转移和大力推行清洁生产等举措。然而，"十五"环境保护计划指标并没有全部实现。二氧化硫排放量比 2000 年增加了 27.8%，主要污染物排放量远远超过环境容量，环境污染依然严重。这也解释了为什么这段时期污染排放依然处于上升通道。到了环境保护"十一五"时期，我国力图解决的一些深层次环境问题没有取得突破性进展。我国的环境保护政策进入创新阶段，环保"十一五"规划提出环境保护与经济和社会协调发展的思路，重点是"污染减排"。令人欣慰的是，"十一五"期间，国家将主要污染物排放总量显著减少作为经济社会发展的约束性指标，二氧化硫排放总量比 2005 年下降 14.29%，超额完成减排任务。区域污染防治不断深化，环境污染有所改善。"十一五"环境保护目标和重点任务全面完成。本书的研究结果也证实了这一点。自 2005 年以后，全国和三大区域的污染排放指数从 2005 年的最高值开始下降，并一直延续到 2012 年。

4.2.3　序差分析

为了能够更加客观地、动态地比较经过"高度浓缩"的环境污染评价指数，本书采用序差分析（郭亚军，2007）[285]的方法比较评价指数的动态变化过程。首先给出最大序差的概念①：

记 r_{it} 为第 i 省 t 年环境污染排放评价结果的排序，则称

$$r_{\max i} = \max_t \{r_{it}\} - \min_t \{r_{it}\} \ (t = 1996, \cdots, 2012; i = 1, \cdots, 30) \quad (4-8)$$

为第 i 省环境污染评价指数的最大序差。

由表 4-3 可以看出，在 1991—2012 年，天津、吉林、山东、海南和宁夏的最大序差均小于等于 3。其中，山东的最大序差为 1，其污染排放的排序一直位于第 1 位或者第 2 位，说明山东的这种高污染排放局面是多年的发展形成的，短期内要打破这种局面难度很大；山西、内蒙古和云南的最大序差均大于等于 9，而且排序是不断上升的，说明这些省份的污染排放状况在不断恶化；四川和重庆的最大序差均大于或等于 7，而且排序是不断下降的，说明这些省份的污染排放状况在持续改善。

---

① 该概念适用本书所有的序差分析。

尽管根据表4-3可以看出1991—2012年各省区污染排放的状况变化大且存在差异，但为了更有针对性地分析，本书将各省份的最大序差进行了分类，如表4-4所示。我们根据样本区间的长短制定各省份污染排放排序变化的标准。在1991—2012年，有4个省份的污染排放属于"跳跃"（前跳或后跳）型（$r_{max} \geq 10$）。其中，内蒙古、云南和贵州属于"前跳"型，四川属于"后跳"型；有10个省份与地区（如天津、河北、山东等）属于稳步型（$r_{max} \leq 4$）；有15个省份属于亚稳步型（$5 \leq r_{max} \leq 9$）。在2006—2012年，有8个省份与地区污染排放属于稳步型，有15个省份与地区属于亚稳步型，有7个省份与地区属于"跳跃"型。本书进行序差分析的目的不仅要把握各省与地区污染排放状况排序的动态变化情况，更要揭示这些排序变化背后深层次的原因。根据本书的思路：若某省与地区污染排放属于"前跳"型，说明该省与地区的污染排放在恶化；属于"后跳"型代表了改善。比如：内蒙古在"十五"时期污染排放排序向前跳了10位，属于"前跳"幅度最大的。这可能与内蒙古在"十五"时期确立的支柱性产业有关。内蒙古作为我国西部地区重要的能源大省，在承接中东部地区的产业转移上起着重要作用，大力发展能源产业首当其冲。在"十五"时期，内蒙古能源产业五年累计完成固定资产投资1515亿元，是"九五"期间能源固定资产投资的3.6倍，占自治区固定资产投资的21.9%；能源工业增加值年均增长31.2%，比"九五"时期提高21个百分点。为了抓工业增长，大力发展以包钢为重点的冶金、化学和建材产业，这些均属于高耗能高排放的产业。与内蒙古形成鲜明对比的是四川省，属于污染排放"后跳"型的省份，四川省在2006—2012年排序向后跳了5位。在"十一五"时期，四川省实施改造提升传统产业（化工、钢铁、建材）重点工程和高技术产业重大专项工程，加快产业结构升级步伐，并且制定了明确的环境保护量化指标：单位生产总值能源消耗比"十五"期末降低20%左右；工业固体废弃物综合利用率提高到75%；资源利用效率明显提高；城市生活垃圾处理率达到75%。这些指标在"十一五"末期全部达标。在"十一五"时期，四川省的地区生产总值年均增长13.7%。可见，四川省污染排放状况的改善与该省所实施的环保和产业发展政策是密切相关的，走了一条可持续发展的道路。

表 4－4　各省按最大序差变化范围的分类结果

序差范围	1991—2012 年	序差范围	2006—2012 年
$r_{max} \leqslant 4$	天津、河北、江西、山东、河南、湖北、湖南、海南、陕西、宁夏	$r_{max} \leqslant 1$	河北、山西、吉林、黑龙江、江西、山东、河南、宁夏
$5 \leqslant r_{max} \leqslant 9$	辽宁、上海、江苏、浙江、安徽、福建、广东、山西、广西、重庆、甘肃、青海、新疆、北京、黑龙江	$2 \leqslant r_{max} \leqslant 4$	北京、天津、内蒙古、辽宁、上海、江苏、浙江、安徽、福建、湖北、湖南、广西、海南、重庆、陕西
$r_{max} \geqslant 10$	内蒙古、四川、贵州、云南	$r_{max} \geqslant 5$	四川、广东、贵州、云南、甘肃、青海、新疆

4.3　能源因素、经济因素对污染排放的影响

4.3.1　环境污染评价指数的收敛性检验

从上述环境污染指数的演变规律看，我国省际环境污染指数的差异较大，具有鲜明的地域特点。因此，研究这种省际差异的发展演变规律就显得极为重要，收敛性检验理论为我们完成这项研究提供了方法。运用于经济学中的收敛性检验方法主要包括 σ 收敛、β 收敛，其中 β 收敛又分为绝对 β 收敛和条件 β 收敛。由于以往文献对于环境污染收敛性检验的研究其少，就我国环境污染到底存在哪种收敛并未有相应的结论。本书在不改变原检验方程基本思想的基础上把原经济指标重新定义为环境污染指数，尝试各种检验方法。

（一）σ 收敛

σ 收敛的检验方法是利用 σ 值测度区间内某一变量值的离散程度，若 σ 值随时间有衰减的趋势就发生了 σ 收敛。本书用这种方法研究中国区域环境污染指数的 σ 收敛，借用袁晓玲（2009）的方程，将 σ 值定义为：

$$\sigma_t = \sqrt{\frac{1}{n} \sum_{i=1}^{n} \left\{ EPI_m(t) - \left[\frac{1}{n} \sum_{k=1}^{n} EPI_k(t) \right] \right\}^2} \qquad (4-9)$$

式中：$EPI_m(t)$ 表示 t 年第 m 省的环境污染指数。如果计算出的 σ 值，存在 $\sigma_{t+T} < \sigma_t$ 的规律，则区域环境污染存在 σ 收敛。

由图 4 - 2 可以看出，就全国而言，在样本区间内全国环境污染的 σ 值先升后降，以 2005 年为分水岭。1996—2004 年区间基本上是发散趋势，2005—2012 年区间呈现收敛趋势；东部和中部地区的 σ 值变化大致与全国相同；而西部地区在 2008 年后与其他区域略有不同，σ 值有上升的趋势，并未收敛。

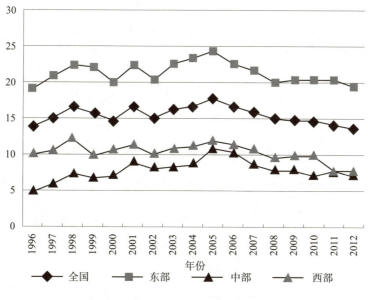

图 4 - 2　全国及分区域环境污染的 σ 值

（二）β 收敛

β 收敛的概念源于新古典增长理论，该理论认为在技术水平一致和生产要素自由流动的前提下，根据资本的边际报酬递减规律，各经济体的经济发展表现出趋同发展的趋势，即各经济体之间的初始经济水平与经济增长率间存在负相关关系。如果 β 收敛只取决于初始条件的不同，并且参数估计值 β 是负的，则存在绝对 β 收敛；如果收敛不仅取决于初始条件的不同，还受其他条件的影响，同时参数估计值 β 也是负的，则存在条件 β 收敛。本书的 β 收敛借鉴这种思想，只是将经济指标换成环境污染指数。

（1）绝对 β 收敛。本书定义的绝对 β 收敛方程如下：

$$\frac{Ln(EPI_{i,T}) - Ln(EPI_{i,0})}{T} = \alpha + \beta Ln(EPI_{i,0}) + \varepsilon \qquad (4-10)$$

式中：$i(i = 1,2,\cdots,30)$ 表示中国 30 个省份及地区，0 代表样本初期，T 代表样本末期，$Ln(EPI_{i,0})$ 和 $Ln(EPI_{i,T})$ 分别为第 i 个省份在初期和末期的环境污染指数，ε 为随机扰动项。若 $\beta < 0$，则认为存在收敛；若 $\beta > 0$，则认为存在发散。

由表 4 - 5 可知，全国及西部地区的 $Ln(EQI_{i,0})$ 系数小于零，并通过了显著性检验，说明存在绝对 β 收敛，即在 1996—2012 年的样本区间内，全国和西部范围内地区间的环境污染差异存在消失的趋势。然而，东部和中部地区的 $Ln(EQI_{i,0})$ 系数均未通过显著性检验，说明不存在绝对 β 收敛，即在 1996—2012 年的样本区间内，东部和中部范围内地区间的环境污染差异不存在消失的趋势。

表 4 - 5　全国及分区域环境污染指数绝对 β 收敛检验结果

	全　国	东　部	中　部	西　部
α	0.0502	0.0235	− 0.0382	0.0819 ***
	(3.78)	(0.72)	(− 1.14)	(6.18)
$Ln(EPI_{i,0})$	− 0.0112 **	− 0.0032	0.0177	− 0.0204 ***
	(− 2.34)	(− 0.39)	(1.65)	(− 3.67)
R − squared	0.1639	0.0168	0.3122	0.6006
F − stat	5.4	0.15	2.7	13.5

说明：*** $p < 0.01$，** $p < 0.05$，* $p < 0.1$，括号内为 t – 检验值（下同）。

（2）条件 β 收敛。依据条件 β 收敛的理论，本书选取产业结构、能源消费结构两个控制变量。其中，产业结构选用第二产业总产值占国内生产总值比重指标（CS），能源消费结构选用各省原煤消费量占全省能源消费总量的比值指标（ES）。检验方程如下：

$$\frac{Ln(EPI_{i,T}) - Ln(EPI_{i,0})}{T} = \alpha + \beta Ln(EPI_{i,0}) + \lambda CS_{i,0} + \theta ES_{i,0} + \varepsilon \quad (4 - 11)$$

式中：$CS_{i,0}$ 和 $ES_{i,0}$ 分别为各区域相应的初期值，其他符号如前所述。

从表 4 - 6 的检验结果看，全国范围内产业结构指标通过了显著性检验，显示产业结构对环境污染的收敛有显著影响。第二产业是节能减排的重点，降低第二产业总产值占国内生产总值比重，优化和升级产业结构，有助于全国环境污染的收敛；而能源消费结构指标未通过显著性检验。从三大区域的检验结果看，东部、中部和西部的产业结构指标和能源消费结构指标均未通过显著性检验，说明两个指标对于各区域环境污染的收敛没有影响。

表 4 – 6 全国及三大区域环境污染指数条件 β 收敛检验结果

	全 国	东 部	中 部	西 部
α	0.0894 *** (3.47)	0.0699 (1.73)	– 0.0326 (– 0.73)	0.1615 ** (3.08)
$Ln(EPI_{i,0})$	– 0.0062 (– 1.11)	0.0072 (0.7)	0.0194 (1.41)	– 0.0225 *** (– 3.93)
$CS_{i,0}$	– 0.1187 * (– 1.97)	– 0.1364 (– 1.32)	– 0.0049 (– 0.08)	– 0.2388 (– 1.78)
$ES_{i,0}$	– 0.0002 (– 0.01)	– 0.0281 (– 0.66)	– 0.0119 (– 0.54)	0.0313 (1.09)
R – squared	0.272	0.285	0.360	0.734
F – stat	3.24	0.93	0.76	6.45

以上分析表明：首先，中国的综合污染排放指数和人均 GDP 之间存在 EKC 模型的倒 U 形曲线特征，并且中国现阶段仍处于 EKC 曲线的左半部分，属于环境污染与经济增长的两难阶段。本书除了关心中国的 EKC 曲线形状之外，更为关心的是影响环境污染的因素，这些因素的变化具体会怎样影响污染排放的变化呢？其次，中国各省区的综合环境污染相差悬殊，那么是什么因素引起了这些差距呢？

国内关于经济增长与环境污染关系的研究更多的是集中在 GDP 或 GNP（包括单位 GDP 或 GNP）与环境特征污染物环境库兹涅茨曲线（EKC）的模拟及其拐点的预测，而对影响环境污染的主要经济因素的量化分析几乎是空白。本书所关心的不仅仅是 EKC 曲线的形状、拐点，更关心的是影响污染排放的主要因素。如果在达到 EKC 曲线的拐点之前，污染排放已经超过了环境承载的阈值，那么对于研究者来说，将是失败的。本书以中国各省市自治区为研究对象，分析经济增长因素对环境污染排放的影响，建立分析实证模型，找出环境污染的主要影响因素，为区域生态建设与环境保护目标的制定和统筹社会经济与生态环境协调发展提供合理依据。

4.3.2 影响污染排放的主要经济、能源因素分析

研究中国区域污染排放指数，目的不仅仅是测算污染的大小，而是要揭示

影响中国环境污染的主要因素，以便促使我国在区域政策和节能减排任务的安置上重视这些因素，从而最终降低我国的污染排放。

从已有的研究来看，关于环境污染的影响因素包罗了经济作用环境的直接途径和间接途径，但是这些成果在研究经济对环境的直接作用机制时，多数局限于单个或零星几个要素，缺乏全面性和系统性；并且这些研究所采用的分析工具和数据类型一般仅适用于初步分析。本书从我国各省市面板数据的实证分析的角度，运用前沿的面板数据分析方法，通过测算各经济直接影响因素对我国环境污染变动的影响，力图在已有成果的基础上，将该问题的研究再推进一步。

经济发展与环境质量关系的理论研究路线众多，各有特色。其中 Stern（2002）[164] 的方法在细化环境影响因子方面简洁实用，王慧炯等（1999）[175] 的方法在挖掘各环境影响因子间关联上很有深度。于峰、齐建国和田晓林（2006）[183] 把二者优势进行了融合后认为，影响环境污染的全部直接因素即经济规模、产出结构、投入结构、生产率和环保技术。

STIRPAT 模型被广泛应用于环境和污染物排放领域（York，2007[290]；Martinez Zarzpso，Maruotti，2011[291]），EKC 假说又是研究污染排放与经济变量关系的一个有效工具（刘华军，闫庆悦，2011）[292]。因此，本书将改进的STIRPAT 模型与 EKC 假说相结合，并考虑到污染排放的动态累积效应，即一个地区的污染排放不仅受到当前值的影响，还与上期值有关，在模型中加入污染排放指数值的滞后一期，扩展成动态面板模型，研究我国污染排放的影响机制。模型具体形式如下：

$$
\begin{aligned}
\ln(e_{i,t}) = {} & \alpha_{i,t} + \beta_0 \ln(e_{i,t-1}) + \beta_1 \ln(ur_{i,t}) + \beta_2 \ln(y_{i,t}) + \beta_3 (\ln y_{i,t})^2 \\
& + \beta_4 \ln(ee_{i,t}) + \beta_5 \ln(cs_{i,t}) + \beta_6 \ln(ec_{i,t}) + \beta_7 \ln(hin_{i,t}) \\
& + \beta_8 \ln(es_{i,t}) + \beta_9 \ln(fdi_{i,t}) + \beta_{10} \ln(pgi_{i,t}) + \eta_{i,t} + \varepsilon_{i,t} \quad (4-12)
\end{aligned}
$$

式中：i 和 t 分别代表样本和时间，$\eta_{i,t}$ 代表个体效应，捕捉各地区的特征，$\varepsilon_{i,t}$ 为随机误差项。被解释变量为污染排放指数值 e，表示环境影响。解释变量包括两类：一类是核心解释变量，包括人口规模 ur，人均财富 y，技术（能源效率 ee）；另一类是控制变量，具体解释如下。

人口规模（ur）：本书借鉴赵忠秀等（2013）[293] 的模型改进方法，用城镇人口占总人口的比重衡量人口规模，并考虑到中国各省人口的流动性因素，将居住在城镇范围内的常住人口作为城镇人口。数据来源于《中国统计年鉴》《中国人口统计年鉴》，以及第四、第五、第六次人口普查数据。

人均国内生产总值（y）：以1990年不变价格进行调整。数据来源于《中国统计年鉴》。

能源效率（ee）：用GDP（基期=1990）与能源消费总量的比表示，单位是万元/吨标准煤；数据来源于《中国能源统计年鉴》。

能源消费结构（ec）：用煤炭消费量占能源消费总量的比值来刻画，数据来源于《中国能源统计年鉴》。

重工业结构（hin）：用重工业结构占工业总产值的比表示，数据来源于《中国工业经济统计年鉴》。

禀赋结构（es）：用资本与劳动之比表示。

资本存量：采用单豪杰（2008）[294] 的计算方法，并将省际数据补充到2012年。

劳动投入：采用各省历年从业人员数作为劳动投入的指标。数据来源于《中国统计年鉴》。

外商直接投资（fdi）：用人民币表示的实际利用的外商直接投资占GDP的比表示。数据来源于商务部统计资料。

工业污染治理强度（pgi）：用工业污染治理投资完成额占GDP的比重刻画；数据来源于《中国统计年鉴》和《中国环境年鉴》[1]。

4.3.3　影响因素实证研究

结合上文计算的污染排放指数序列，以样本区间内各省份的污染排放指数均值为基础进行排序，将全国30个省份及地区分为高排放组和低排放组[2]，划分标准为：将样本区间内污染排放均值排前15位的省份及地区划为高排放

---

① 《中国统计年鉴》只提供了1996—2012年工业污染治理投资完成额的数据，《中国环境年鉴》提供了1991—1995年企事业单位污染治理投资完成额，两部分构成本书的工业污染治理投资完成额数据。

② 高排放组：山东、河北、河南、江苏、辽宁、四川、山西、广东、湖北、湖南、安徽、内蒙古、江西、广西和浙江；低排放组：黑龙江、贵州、陕西、云南、福建、吉林、重庆、甘肃、新疆、上海、北京、天津、宁夏、海南和青海。

组，排后 15 位的省份及地区划为低排放组。回归结果见表 4-7。

表 4-7　系统 GMM 估计结果

解释变量	污染排放指数 ln (e)					
	高排放组			低排放组		
	模型 1	模型 2	模型 3	模型 4	模型 5	模型 6
ln (e)	0.3845 ***	0.358 ***	0.3819 ***	0.6512 ***	0.6528 ***	0.7017 ***
	(8.41)	(7.99)	(8.38)	(13.82)	(5.89)	(14.91)
ln (ur)	−0.1121 ***	−0.0998 ***	−0.1128 ***	−0.0138	−0.0139	0.0310
	(−6.48)	(−5.56)	(−6.82)	(−0.36)	(−0.32)	(0.70)
ln (y)	−0.5918 **	−0.0624 **	−0.0825 ***	0.1815 ***	0.2027 ***	0.1705 ***
	(−2.04)	(−2.28)	(−2.85)	(5.65)	(5.01)	(5.01)
(lny)²	−0.1599 ***	−0.1569 ***	−0.1656 ***	−0.1202 ***	−0.1208 ***	−0.1329 ***
	(−15.55)	(−16.31)	(−15.78)	(−13.71)	(−11.12)	(−15.72)
ln (ee)	−0.4724 ***	−0.4523 ***	−0.4567 ***	−0.2721 ***	−0.2173 ***	−0.3438 ***
	(−24.88)	(−22.66)	(−25.47)	(−9.76)	(−7.55)	(−12.14)
ln (cs)	0.0786	0.0886		0.3704	0.3612	
	(4.41)	(5.53)		(10.00)	(8.16)	
ln (ec)	0.0253 ***	0.0220 ***	0.0281 ***	0.0203	0.0244	0.0294
	(6.64)	(6.43)	(7.66)	(0.90)	(0.93)	(1.35)
ln (hin)	0.0671 ***		0.0672 ***	0.2200 ***		0.2034 ***
	(6.69)		(6.84)	(7.65)		(7.70)
ln (es)	0.0555 ***	0.0571 ***	0.0548 ***	0.0613 ***	0.0507 ***	0.0502 ***
	(5.63)	(6.00)	(5.55)	(6.41)	(5.08)	(5.61)
ln (fdi)	−0.0190 ***	−0.0161 ***	−0.1858 ***	−0.0297 ***	−0.0273 ***	−0.0290 ***
	(−3.14)	(−2.68)	(−3.19)	(−5.90)	(−5.06)	(−5.96)
ln (pgi)	−0.0269 ***	−0.0269 ***	−0.0290 ***	−0.0150 ***	−0.0107 *	−0.0180 ***
	(−6.49)	(−6.68)	(−7.31)	(−2.43)	(−1.64)	(−3.22)
Abond (1)-P 值	0.00	0.00	0.00	0.00	0.00	0.00
Abond (2)-P 值	0.94	0.64	0.98	0.67	0.92	0.87
Sargan-P 值	1.00	1.00	1.00	1.00	1.00	1.00

首先，模型 1 至模型 6 的估计结果显示：二阶相关性检验未能通过显著性检验，本书建立的动态模型干扰项不存在序列相关问题，所设立的模型是合理的；过度识别检验的 Sargan 统计量也未能通过显著性检验，说明采用的工具变量全部是有效、可行的，而且滞后一项的污染排放系数均为正值，说明了污染排放确实存在动态累积效应。

其次，模型 1 至模型 3 是对高排放组的估计结果。城镇化对污染排放有显著的负向影响，可能因为城镇化改变了以往落后、低效的能源消费方式，减少了污染物的排放；经济发展水平对于污染排放具有显著的负面影响，说明经济发展未必一定带来污染排放的增加，关键在于经济发展的提质、增效；所有模型均显著支持倒 U 形的环境库兹涅茨曲线，说明污染排放会随着我国经济发展水平的提高，出现下降的趋势；能源效率的提高能够显著降低污染排放，说明技术因素在降低污染排放方面的重要作用；产业结构对于污染排放的影响并未通过显著性检验，可能与本书将工业污染和生活污染纳入统一的研究框架有关，弱化了第二产业对于污染排放的影响；煤炭消费比例与污染排放正相关，说明以煤炭消费为主的能源消费模式会增加污染排放；重工业结构与污染排放显著正相关，说明重工业是主要污染物排放的重点行业；禀赋结构与污染排放显著正相关，地区资本—劳动比的提高，说明了经济结构由劳动密集型向资本密集型转型，而涂正革（2008a）[243]认为资本密集型产业代表重污染产业，劳动密集型产业代表轻污染产业。外商直接投资对污染排放有显著负影响，说明"污染天堂"假说在高污染排放地区并不成立；工业污染治理强度的增加会减少污染物的排放，说明经济在增长的同时，应加大在工业污染治理方面的投资力度。

最后，模型 4 至模型 6 是对低污染排放组的估计结果。从结果来看：对于低污染排放组与高污染排放组影响机制的差异体现在三个方面：一是低排放组中的倒 U 形的环境库兹涅茨曲线、产业结构、重工业结构、禀赋结构、外商直接投资和工业污染治理强度对于污染排放的影响与高污染排放组的影响方向是一致的，只是在影响程度上有差异。二是低排放组中经济发展水平对污染排放有显著的正向影响，这与高排放组不同，可能与大部分西部省份被纳入低排放组中有关。西部地区作为我国经济发展的欠发达地区，经济增长的资源依赖更严重，并承接了部分东部的高污染产业，导致西部地区经济发展质量低，产生了更多的污染排放。三是低污染排放组的能源消费结构对于污染排放的正向影响及城镇化对于污染排放的负向影响并不显著。

（3）稳健性检验：为了提高文章结论的可靠性，需要对模型1进行稳健性检验。首先，由于大部分文献选取二氧化硫排放量作为污染排放的代理变量，因此，本书用二氧化硫排放总量（数据来源同上）替换被解释变量污染排放指数值，对模型1进行再估计；其次，由于本书的样本区间较长，分别选取不同的样本区间（1992—2012、1991—2011 等），对模型1分别进行回归。[①]以上两种稳健性检验的结果均显示，除了影响程度和显著程度有差异外，各模型中变量的影响方向均未变化，因此，我们认为模型1是稳健的，结果是可信的。

4.3.4　减少污染排放的政策建议

（1）各级环保部门应构建污染排放综合评价体系。首先，用简单明了的数值代表一定区域范围内污染排放状况的好坏，有利于公众直观了解污染排放状况，也便于公众更多地参与污染排放的预防和治理；其次，定量的指数值也是环境管理及政府决策部门制定针对性环境保护政策的重要依据。

（2）在高排放地区实施针对性的减排、降碳政策，对于全国减排、降碳目标的实现至关重要。根据本书的研究结果，能源效率对于高排放地区的负向影响最大，说明技术因素对于减排、降碳的重要性，应加强新技术、新工艺和新材料在高排放行业的应用。

（3）综合施策"减排、降碳"。根据本书的研究，经济发展未必一定带来污染排放的增加，关键在于经济发展的提质、增效；以"优化存量，控制增量"为原则，指导产业结构转型升级，"优化存量"重点应提高重工业企业污染物排放标准，"控制增量"应严控"高耗能、高污染"行业的新增产能；应控制煤炭消费总量，增加天然气供应、加大非化石能源利用强度等措施替代燃煤，加快清洁能源替代利用；在区域间合理配置要素资源，各区域实施差异化的产业引导政策，高污染排放地区要谨慎布局资本密集型产业；加速推进城镇化，改变农村地区传统、低效的能源消费方式；加强工业企业污染综合治理，在"高耗能、高污染"产业集聚区，加快污染治理设施建设与改造。

---

① 由于篇幅原因，均未显示估计结果，有兴趣的可向作者索要。

5　中国经济增长动力转换与转移的动态轨迹研究

本书在传统全要素生产率的基础上，提出能源、环境双重约束下的全要素生产率概念，旨在通过将能源、环境因素纳入全要素生产率的分析框架，以分析考虑能源、环境因素约束下经济增长方式的变化，以深入探讨经济增长路径的依赖性，正确评价经济发展道路。在此基础上对经济增长进行分解，进一步判断中国经济增长的动力，并进一步研究能源消费、污染排放对经济增长约束的传导机制。因此，研究我国当前能源与环境双重约束下的经济增长动力，对于正确认识目前所处的发展阶段、指导制定正确的宏观经济政策、实现经济可持续增长，具有非常重要的现实意义。这种分析可以对中国经济可持续增长做出评价，以实现在保持经济稳定高效增长的同时，减少对能源的依赖和对环境的负面影响。

在资源环境问题日益突出的背景下，中国经济增长可持续性的争论引起了广泛关注。而此争论的本质在于，中国经济增长的动力究竟是什么？是单纯的要素投入、环境的损害还是生产率的提高？新古典经济增长理论认为在具有资源约束的现实情境下，由于投入要素具有边际产出递减的倾向，不可能依靠要素投入的拉动来实现经济的长期持续快速增长，而只能够通过全要素生产率（Total Factor Productivity，TFP）的不断提高来实现。据此来看，倘若中国的经济增长不包含显著的 TFP 提高，则不远的将来势必将面临增速下滑乃至陷入停滞的危险。现实似乎印证了这一推测，从 2012 年开始，人均 GDP 处于"中等收入陷阱"上位（人均 GDP 约 7000 美元）的中国，经济增速开始放缓，2012 年与 2013 年中国经济增速为 7.7%，而 2014 年增速仅为 7.4%。

中国经济如何才能突破资源、环境的重重因素，实现经济可持续增长，跨越中等收入陷阱，已成为迫切需要回答的问题。而要回答这一问题，必须搞清楚驱动中国经济的主要因素，以及各因素在经济发展不同阶段、不同区域的动态特征，即中国经济增长的动力转换与转移，从而有针对性地提出不同经济发展阶段、不同区域的转变经济发展方式与可持续发展政策。

5.1　能源、环境双重约束下的全要素生产率以及经济增长分解模型

经济增长的研究方法可以分为两类：一类是参数方法，如生产函数法、随机前沿函数法①（Stochastic Frontier Analysis，SFA），参数方法最大的缺点就是需要设定生产函数的具体形式，测算结果往往因设定形式的不同而大相径庭，因而多在早期研究经济增长的文献中使用，代表性的成果有王小鲁（2000）[295]、Chow 和 Lin（2002）[296] 等；另一类是以数据包络分析（Data Envelolment Analysis，DEA）为代表的非参数方法，由于具有不需要对参数进行估计、允许无效率行为存在等优点，在测算 TFP 增长方面可能更为适合，因而近期研究使用 DEA 方法在生产率研究领域取得了丰硕成果，其中以 Malmquist 指数（郑京海、胡鞍钢，2005[206]；郭玉清、姜磊，2010[297]）和 Luenberger 指数（刘瑞翔、安同良，2012[298]；张少华、蒋伟杰，2014[299]）的应用最为广泛。由于 M 指数和 L 指数反映的其实是 TFP 的变化趋势，涂正革、肖耿（2006）[110] 明确指出该方法只能近似估算 TFP 对经济增长的贡献，因而无法得到精确的结果。严格来讲，经济增长各分项来源的贡献份额加总之和为 100%，而利用 M 指数和 L 指数进行经济增长分解的以上文献都未曾做到这一点。董敏杰、梁泳梅（2013）[111] 建立了一个非参数经济增长核算框架，以弥补 M 指数和 L 指数测算的缺陷，使分解结果更为准确，并运用多种折旧率水平的资本存量数据进行测算，检验了该方法的稳健性。

在运用 DEA 方法测算经济增长动力来源或 TFP 的研究中，对于能源变量

---

① 目前对于 SFA 是否属于参数方法仍有争议，有部分学者将 SFA 归为半参数方法，与参数方法、非参数方法并列，如魏楚等（2011）。

的处理办法较为简单、一致，将能源消费看作除资本、人力资本之外的新投入要素，如林伯强（2003a）[128]、郑照宁和刘德顺（2004）[203]；但对于环境变量的处理方法就较为复杂、有分歧，目前通常有两种方法，一种方法是将污染排放当作非期望产出，如 Fukuyama 和 Weber（2009）[107]，而陈诗一（2009）[195] 将其与能源一样看作新的投入要素，作为未支付的投入引入生产函数。环境污染、生态破坏是人类发展过程中付出的代价，而不是人类生产活动的非期望产出，故本书将环境消耗与要素投入和 TFP 共同视为经济增长的动力来源，污染与能源一样都是投入要素。

Farrell（1957）[98] 提出了生产前沿面的概念，位于生产前沿面的为最佳产出，而往往只有小部分生产者能处于生产前沿面上，大部分的效率与生产前沿面所示的最优生产效率存在一定的差距，即产出无效值。本书通过 DEA 方法测算最佳产出与产出无效值，其线性约束条件如式（5－1）所示。其中，λ_i^t 为权重向量，n 为生产单位的个数，y_i^t、l_i^t、h_i^t、k_i^t、e_i^t、p_i^t 分别表示 t 期生产单位 i 的实际产出、劳动、人力资本、资本、能源、污染投入，同理 y_j^t、l_j^t、h_j^t、k_j^t、e_j^t、p_j^t 分别表示 t 期生产单位 j 的实际产出、劳动、人力资本、资本、能源、污染投入，$Y_j^t(l_j^t,h_j^t,k_j^t,e_j^t,p_j^t)$、$s_j^t(l_j^t,h_j^t,k_j^t,e_j^t,p_j^t)$ 则表示以 t 期生产技术衡量的、t 期被考察的生产组合 j 的最佳产出与产出无效值。约束条件第一行表示被考察生产组合的实际产出小于等于最佳产出，并且可据此求出最佳产出。

$$\max s_j^t(l_j^t,h_j^t,k_j^t,e_j^t,p_j^t)$$

$$s.t.\ Y_j^t(l_j^t,h_j^t,k_j^t,e_j^t,p_j^t) = \sum_{i=1}^{n}\lambda_i^t y_i^t$$

$$= y_j^t(l_j^t,h_j^t,k_j^t,e_j^t,p_j^t) + s_j^t(l_j^t,h_j^t,k_j^t,e_j^t,p_j^t)$$

$$s_j^t(l_j^t,h_j^t,k_j^t,e_j^t,p_j^t) \geqslant 0$$

$$\sum_{i=1}^{n}\lambda_i^t l_i^t \leqslant l_j^t,\ \sum_{i=1}^{n}\lambda_i^t h_i^t \leqslant h_j^t,\ \sum_{i=1}^{n}\lambda_i^t k_i^t \leqslant k_j^t,$$

$$\sum_{i=1}^{n}\lambda_i^t e_i^t \leqslant e_j^t,\ \sum_{i=1}^{n}\lambda_i^t p_i^t \leqslant p_j^t,\ \sum_{i=1}^{n}\lambda_i^t = 1,\lambda_i^t \geqslant 0 \tag{5-1}$$

被考察单位的生产组合可能会位于生产可能集之外，导致式（5－1）中的线性规划无解，这个时候就需要借助超效率（Supper Efficiency）DEA 模型，其线性规划变为式（5－2），被考察生产组合的实际产出大于最佳产出。

$$\max s_j^t(l_j^t, h_j^t, k_j^t, e_j^t, p_j^t)$$

$$s.t.\ Y_j^t(l_j^t, h_j^t, k_j^t, e_j^t, p_j^t) = \sum_{i=1}^{n} \lambda_i^t y_i^t$$

$$= y_j^t(l_j^t, h_j^t, k_j^t, e_j^t, p_j^t) + s_j^t(l_j^t, h_j^t, k_j^t, e_j^t, p_j^t)$$

$$s_j^t(l_j^t, h_j^t, k_j^t, e_j^t, p_j^t) \leqslant 0$$

$$\sum_{i=1}^{n} \lambda_i^t l_i^t \leqslant l_j^t,\ \sum_{i=1}^{n} \lambda_i^t h_i^t \leqslant h_j^t,\ \sum_{i=1}^{n} \lambda_i^t k_i^t \leqslant k_j^t,\ \sum_{i=1}^{n} \lambda_i^t e_i^t \leqslant e_j^t,$$

$$\sum_{i=1}^{n} \lambda_i^t p_i^t \leqslant p_j^t,\ \sum_{i=1}^{n} \lambda_i^t = 1, \lambda_i^t \geqslant 0 \tag{5-2}$$

此外，本书采用序列 DEA 的方法，将之前各期位于生产前沿面上的生产组合与当期生产组合均纳入构建生产前沿面的框架，以避免出现"技术退步"的情形。

根据前文对最佳产出及产出无效值的定义，对任意生产单位 i（为了方便表述，以下公式省略下标 i），都存在下列关系：

$$Y^t(l^t, h^t, k^t, e^t, p^t) = y^t + s^t(l^t, h^t, k^t, e^t, p^t) \tag{5-3}$$

$$Y^{t+1}(l^t, h^t, k^t, e^t, p^t) = y^t + s^{t+1}(l^t, h^t, k^t, e^t, p^t) \tag{5-4}$$

$$Y^t(l^{t+1}, h^{t+1}, k^{t+1}, e^{t+1}, p^{t+1}) = y^{t+1} + s^t(l^{t+1}, h^{t+1}, k^{t+1}, e^{t+1}, p^{t+1}) \tag{5-5}$$

$$Y^{t+1}(l^{t+1}, h^{t+1}, k^{t+1}, e^{t+1}, p^{t+1}) = y^{t+1} + s^{t+1}(l^{t+1}, h^{t+1}, k^{t+1}, e^{t+1}, p^{t+1}) \tag{5-6}$$

将式（5-5）与式（5-3）、式（5-6）与式（5-4）分别做差，并将所得两个差值相加，可得式（5-7）：

$$y^{t+1} - y^t = [s^t(l^t, h^t, k^t, e^t, p^t) - s^t(l^{t+1}, h^{t+1}, k^{t+1}, e^{t+1}, p^{t+1})$$
$$+ s^{t+1}(l^t, h^t, k^t, e^t, p^t) - s^{t+1}(l^{t+1}, h^{t+1}, k^{t+1}, e^{t+1}, p^{t+1})]/2$$
$$+ [Y^t(l^{t+1}, h^{t+1}, k^{t+1}, e^{t+1}, p^{t+1}) - Y^t(l^t, h^t, k^t, e^t, p^t)$$
$$+ Y^{t+1}(l^{t+1}, h^{t+1}, k^{t+1}, e^{t+1}, p^{t+1}) - Y^{t+1}(l^t, h^t, k^t, e^t, p^t)]/2 \tag{5-7}$$

最后将式（5-7）右边第一项与第二项进一步分解，得到最终分解结果式（5-8）。

$$
\begin{aligned}
y^{t+1} - y^t = {} & \underbrace{s^t(l^t,h^t,k^t,e^t,p^t) - s^{t+1}(l^{t+1},h^{t+1},k^{t+1},e^{t+1},p^{t+1})}_{①} \\[4pt]
& + \underbrace{[\,s^{t+1}(l^t,h^t,k^t,e^t,p^t) - s^t(l^t,h^t,k^t,e^t,p^t) + s^{t+1}(l^{t+1},h^{t+1},k^{t+1},e^{t+1},p^{t+1}) - s^t(l^{t+1},h^{t+1},k^{t+1},e^{t+1},p^{t+1})\,]/2}_{②} \\[4pt]
& + \underbrace{[\,Y^t(l^t,h^{t+1},k^{t+1},e^{t+1},p^{t+1}) - Y^t(l^t,h^t,k^{t+1},e^{t+1},p^{t+1}) + Y^{t+1}(l^{t+1},h^{t+1},k^{t+1},e^t,p^t) - Y^{t+1}(l^{t+1},h^t,k^{t+1},e^t,p^t)\,]/4}_{③} \\[4pt]
& + \underbrace{[\,Y^t(l^t,h^{t+1},k^t,e^t,p^t) - Y^t(l^t,h^t,k^t,e^t,p^t) + Y^{t+1}(l^{t+1},h^{t+1},k^{t+1},e^{t+1},p^{t+1}) - Y^{t+1}(l^{t+1},h^t,k^{t+1},e^{t+1},p^{t+1})\,]/4}_{④} \\[4pt]
& + \underbrace{[\,Y^t(l^t,h^t,k^{t+1},e^{t+1},p^{t+1}) - Y^t(l^t,h^t,k^t,e^{t+1},p^{t+1}) + Y^{t+1}(l^{t+1},h^{t+1},k^{t+1},e^t,p^t) - Y^{t+1}(l^{t+1},h^{t+1},k^t,e^t,p^t)\,]/4}_{⑤} \\[4pt]
& + \underbrace{[\,Y^t(l^t,h^t,k^{t+1},e^t,p^t) - Y^t(l^t,h^t,k^t,e^t,p^t) + Y^{t+1}(l^{t+1},h^{t+1},k^{t+1},e^{t+1},p^{t+1}) - Y^{t+1}(l^{t+1},h^{t+1},k^t,e^{t+1},p^{t+1})\,]/4}_{⑥} \\[4pt]
& + \underbrace{[\,Y^t(l^t,h^t,k^t,e^{t+1},p^t) - Y^t(l^t,h^t,k^t,e^t,p^t) + Y^{t+1}(l^{t+1},h^{t+1},k^{t+1},e^{t+1},p^{t+1}) - Y^{t+1}(l^{t+1},h^{t+1},k^{t+1},e^t,p^{t+1})\,]/4}_{⑦}
\end{aligned}
$$

$$(5-8)$$

式（5－8）中出现的 $Y_j^t(l_j^t,h_j^t,k_j^t,e_j^t,p_j^t)$、$s_j^t(l_j^t,h_j^t,k_j^t,e_j^t,p_j^t)$ 可以由式（5－1）、式（5－2）求出[①]。为了叙述方便，式（5－8）中左边记为 $\Delta y^{t,t+1}$，表示 t 期到 $t+1$ 期的产出增量，右边七项分别记为 $\Delta EFFE^{t,t+1}$、$\Delta TECH^{t,t+1}$、$\Delta L^{t,t+1}$、$\Delta H^{t,t+1}$、$\Delta K^{t,t+1}$、$\Delta E^{t,t+1}$、$\Delta P^{t,t+1}$，以表示绿色效率变化、绿色技术进步[②]、劳动、人力资本、资本、能源及环境损耗对产出增量的贡献值，为式（5－9）。两边同时除以 y^t，左边一项与右边七项分别记为 $y^{t,t+1}$、$effe^{t,t+1}$、$tech^{t,t+1}$、$l^{t,t+1}$、$h^{t,t+1}$、$k^{t,t+1}$、$e^{t,t+1}$、$p^{t,t+1}$，以表示 t 期到 $t+1$ 期的产出增长率、绿色效率变化贡献、绿色技术进步贡献、劳动贡献、人力资本贡献、资本贡献、能源贡献及环境损耗贡献，而其中绿色效率变化贡献与绿色技术进步贡献构成 TFP 贡献，劳动贡献、人力资本贡献、资本贡献、能源贡献四项合称投入要素贡献，得到式（5－10），将式（5－10）各项分别除以 $y^{t,t+1}$，便得到各分项来源对产出增长的"贡献份额"。

$$\Delta y^{t,t+1} = EFFE^{t,t+1} + TECH^{t,t+1} + L^{t,t+1} + H^{t,t+1} + K^{t,t+1} + E^{t,t+1} + P^{t,t+1} \quad (5-9)$$

$$y^{t,t+1} = effe^{t,t+1} + tech^{t,t+1} + l^{t,t+1} + h^{t,t+1} + k^{t,t+1} + e^{t,t+1} + p^{t,t+1}$$

$$= tfp^{t,t+1} + input^{t,t+1} + p^{t,t+1} \quad (5-10)$$

最后运用式（5－11）从空间角度加总合计后就可以得到全国及各区域的经济增长各项来源贡献与贡献份额。

$$\frac{\sum_{i=1}^{n} y^{t,t+1}}{\tilde{y}^t} = \frac{\sum_{i=1}^{n} EFFE^{t,t+1}}{\tilde{y}^t} + \frac{\sum_{i=1}^{n} TECH^{t,t+1}}{\tilde{y}^t} + \frac{\sum_{i=1}^{n} L^{t,t+1}}{\tilde{y}^t} + \frac{\sum_{i=1}^{n} H^{t,t+1}}{\tilde{y}^t} + \frac{\sum_{i=1}^{n} K^{t,t+1}}{\tilde{y}^t} + \frac{\sum_{i=1}^{n} E^{t,t+1}}{\tilde{y}^t} + \frac{\sum_{i=1}^{n} P^{t,t+1}}{\tilde{y}^t}$$

$$= \sum_{i=1}^{n} \left(\frac{y_i^t}{\tilde{y}^t} effe^{t,t+1} \right) + \sum_{i=1}^{n} \left(\frac{y_i^t}{\tilde{y}^t} tech^{t,t+1} \right) + \sum_{i=1}^{n} \left(\frac{y_i^t}{\tilde{y}^t} l^{t,t+1} \right) + \sum_{i=1}^{n} \left(\frac{y_i^t}{\tilde{y}^t} h^{t,t+1} \right) + \sum_{i=1}^{n} \left(\frac{y_i^t}{\tilde{y}^t} k^{t,t+1} \right)$$

$$+ \sum_{i=1}^{n} \left(\frac{y_i^t}{\tilde{y}^t} e^{t,t+1} \right) + \sum_{i=1}^{n} \left(\frac{y_i^t}{\tilde{y}^t} p^{t,t+1} \right) \quad (5-11)$$

式中：$\tilde{y}^t = \sum_{i=1}^{n} y_i^t$ 表示 t 期 30 个省市及地区的 GRP 总和。

---

① 式（5－8）中还包括了多个其他最佳产出与产出无效值，仍是通过求解线性规划所得，其测算方法与 $Y_j^t(l_j^t,h_j^t,k_j^t,e_j^t,p_j^t)$、$s_j^t(l_j^t,h_j^t,k_j^t,e_j^t,p_j^t)$ 类似，只是被考察的生产组合和生产前沿面组合进行相应的调整，限于篇幅，这里未列出式（5－8）中其他变量的线性规划，读者如有兴趣，可向作者索取。

② 包含能源、环境的 TFP 被称为绿色 TFP，相应地分解为绿色效率变化、绿色技术进步，以示区别。

5.2　研究变量的选择和处理

由于 1991 年以前污染排放的统计数据很少，为保证数据的一致性，本书选取 1991—2012 年为样本区间。考虑到西藏地区数据缺失较多且略去后对全国数据影响不大，本书予以舍去。而重庆在 1997 年成为直辖市后，对于 1991—1997 年的数据补充工作已经相当完善，故本书将重庆和四川单独计算。再舍去高度自治的香港、澳门以及台湾地区，样本截面为中国 30 个省市及地区，数据来源于《新中国 60 年统计资料汇编》《中国统计年鉴》《中国能源统计年鉴》《中国环境年鉴》及各省市 2013 年统计年鉴。

（1）产出。为剔除价格因素的影响，以 2000 年为基期对各个省份及地区的 GDP 进行了平减处理，得到 1991—2012 年各省及地区实际 GDP（2000 年不变价）。

（2）劳动投入。对照《中国统计年鉴》中的统计指标就业人数与各省市 2013 年统计年鉴中的从业人员数，可以发现二者略有差异，由于《中国统计年鉴》中的就业人数部分年份缺乏省份数据，且与《新中国 60 年统计资料汇编》2008 年以前的数据差异较大，考虑到数据的一致性和连贯性，本书采用各省市 2013 年统计年鉴中的从业人员数。

（3）人力资本存量。本书选取受教育年限表征人力资本，1991—2004 年前的受教育年限数值来自李秀敏（2007）[300]，并利用其方法估算了 2005—2012 年各省平均受教育年限。

（4）资本存量。永续盘存法是估算资本存量最常用的方法，其中最具代表性的是张军等（2004）[301] 和单豪杰（2008）[294]。初始资本设定的误差将会随着估算年限的延长而不断被稀释，由于本书从 1991 年开始截取资本存量数据，距离张军等（2004）[301] 和单豪杰（2008）[294] 所提供数据的估算起始期 1952 年已经近 40 年，故可以认为初始资本设定的误差对本书研究结果的影响是很微小的；在折旧率选择上，一是 10.96% 的折旧率更符合快速发展阶段的中国现实，二是张健华、王鹏（2012）[302] 和董敏杰、梁泳梅（2013）[111] 的研究都表明折旧率并未改变资本贡献份额的变化趋势，所以各省及地区的折旧率采用单豪杰（2008）[294] 的研究数据 10.96%。因而本书采用单豪杰

(2008)[294] 的估算方法与数据，并按 2000 年不变价进行了平减处理。

（5）能源。采用各省及地区 1991—2012 年的能源消费总量（万吨标准煤）表征能源投入。

（6）环境损耗。本书从空气污染、水污染、废弃物污染、垃圾污染、噪声污染、土壤污染六个维度，选取 CO_2 排放量、工业废气排放总量、SO_2 排放总量、烟尘排放总量、工业粉尘排放总量、工业废水排放总量、生活污水排放量、工业固体废物排放量、生活垃圾清运量、化肥施用量 10 个指标，运用一种将评价过程中可能出现的主观因素干扰降到最低的评价方法——纵向拉开档次法，全面评价环境污染排放情况，建立环境污染指数①，以期能够减小以往研究的误差，更准确地代表环境要素和核算其对于经济增长的贡献。

5.3 能源、环境对中国经济增长约束的实证检验

5.3.1 整体测算结果考察

基于上文的非参数绿色增长核算框架，就能够计算各省市、各区域及全国的1991—2012 年的增长源泉，尽管能源、环境与资本、劳动一起作为投入变量来处理，但是为区分环境这种类似于生态形式社会资本的自然资本与其他正常投入要素，本书将环境单列出来，最终将经济增长源泉分解为三大部分：绿色 TFP、要素投入与环境损耗，全国、东部、中部、西部的测算平均结果见表 5 - 1。

表 5 - 1 1991—2012 年中国经济增长的来源（%）

| 地区 | 经济增速 | 绿色 TFP | | | 要素投入 | | | | | 环境损耗 |
		总计	绿色效率变化	绿色技术进步	总计	劳动	人力资本	资本	能源	
全国	12.3	2.7	-5.4	8.0	9.0	0.9	2.8	3.3	1.8	0.7
	100.0	22.2	-43.6	65.6	72.5	7.6	22.9	27.0	14.9	5.4
东部	12.8	6.0	-2.3	8.3	6.2	0.8	2.5	2.1	0.9	0.6
	100	46.9	-18.4	65.3	48.5	6.2	19.2	16.4	6.7	4.6

---

① 限于篇幅，这里不论述环境污染指数的计算方法，具体可参见袁晓玲、李政大、刘伯龙（2013）。

地区	经济增速	绿色 TFP			要素投入					环境损耗
		总计	绿色效率变化	绿色技术进步	总计	劳动	人力资本	资本	能源	
中部	12.1	0.2	−8.3	8.5	11.2	0.7	3.0	5.0	2.4	0.7
	100.0	2.0	−68.7	70.6	92.6	5.9	25.2	41.9	19.6	5.4
西部	11.7	−3.8	−10.6	6.8	14.6	1.7	3.8	4.7	4.3	1.0
	100.0	−32.3	−90.0	57.7	124.1	14.7	32.3	40.3	36.8	8.2

　　计算表明，1991—2012 年中国经济年均增长率为 12.3%。[①] 绿色 TFP 对经济增长的贡献程度是判断转变经济发展方式最重要的指标。根据本书的研究，绿色 TFP 对经济增长的贡献为 2.7%、贡献份额为 22.2%。与生产率选择相似、方法不同的刘瑞翔（2013）[303] 相比，刘瑞翔（2013）[303] 运用改进的 Malmquist 指数所得的绿色 TFP 对经济增长的贡献份额为 20.55%；与方法类似、生产率选择不同的董敏杰、梁泳梅（2013）[111] 相比，董敏杰、梁泳梅（2013）[111] 运用非参数方法所得的 TFP 对经济增长的贡献份额为 20.7%。可见与以前研究相比，其结果差异处于一个较为正常的范围内，这表明本书在方法和生产要素选择的改进上是正确的，本书的计算结果是可信的。

　　进一步来看，在中国经济增长的源泉中，贡献最大的是资本，其次是人力资本、能源，对经济增长的贡献份额分别为 27.0%、22.9% 和 14.9%，而劳动和环境损耗对经济增长的贡献份额分别仅为 7.6% 和 5.4%，这说明近 20 年来中国仍是粗放型和不可持续的经济发展方式，主要依靠资本、人力资本、能源等投入要素，资源环境整体上虽然为经济高速增长付出了一定代价，但并不是决定中国经济增长的关键因素。

　　分区域来看，东部地区经济增长速度最快，经济年均增长率为 12.8%，是三大区域里增速最高的，且 TFP 对经济增长的贡献份额为 46.9%，接近 50%，其次是人力资本、资本，分别为 19.2%、16.4%，这说明东部发达地区的经济增长模式已经转变为依靠 TFP 提高的可持续发展模式。反观中部和西部地区，依然是粗放型和不可持续的经济发展模式，对资本的依赖超过

──────────

①　由于本书采用的省际数据，加权平均后得到的增长率通常会高于全国总量数据。

40%。特别是西部地区，不仅对资本、能源、人力资本等投入要素依赖很大，且由于绿色效率变化对经济增长的贡献显著为负，使得 TFP 对经济增长的贡献为负，再加上环境损耗对经济增长的贡献份额是三大区域里最高的，达到8.2%，经济发展方式呈现高投入、高消耗、高排放的粗放型特征。相较于西部地区，中部地区情况略好，TFP 对经济增长的贡献份额为正，但仅为2.0%，投入要素对经济增长的贡献份额超过90%。总之，中部、西部与东部正是在这种不同的经济发展模式下，逐渐扩大差距的。

5.3.2　时间演变特征

上文对中国及各区域经济增长动力总体进行了考察，但并没有说明经济增长源泉的变化趋势，下面我们将从时间维度探讨中国经济增长动力转换的动态演绎轨迹。深入分析中国经济增长动力转换的动态演绎轨迹，还需要相应的跨期累计值，运用式（5 - 12）从时间角度加总合计后就可以得到全国及各区域的经济增长各项来源累计贡献与贡献份额。

$$y^{t,t+T} = \frac{\Delta y^{t,t+1}}{y^t} + \frac{\Delta y^{t+1,t+2}}{y^t} + \cdots + \frac{\Delta y^{t+T-1,t+T}}{y^t} = (effe^{t,t+1} + \frac{y^{t+1}}{y^t}effe^{t+1,t+2} + \cdots + \frac{y^{t+T-1}}{y^t}effe^{t+T-1,t+T})$$

$$+ (tech^{t,t+1} + \frac{y^{t+1}}{y^t}tech^{t+1,t+2} + \cdots + \frac{y^{t+T-1}}{y^t}tech^{t+T-1,t+T}) + (l^{t,t+1} + \frac{y^{t+1}}{y^t}l^{t+1,t+2} + \cdots + \frac{y^{t+T-1}}{y^t}l^{t+T-1,t+T})$$

$$+ (h^{t,t+1} + \frac{y^{t+1}}{y^t}h^{t+1,t+2} + \cdots + \frac{y^{t+T-1}}{y^t}h^{t+T-1,t+T}) + (k^{t,t+1} + \frac{y^{t+1}}{y^t}k^{t+1,t+2} + \cdots + \frac{y^{t+T-1}}{y^t}k^{t+T-1,t+T})$$

$$+ (e^{t,t+1} + \frac{y^{t+1}}{y^t}e^{t+1,t+2} + \cdots + \frac{y^{t+T-1}}{y^t}e^{t+T-1,t+T}) + (p^{t,t+1} + \frac{y^{t+1}}{y^t}p^{t+1,t+2} + \cdots + \frac{y^{t+T-1}}{y^t}p^{t+T-1,t+T})$$

$$(5 - 12)$$

式中：$\Delta y^{t,t+T}$ 表示 t 期到 $t + T$ 期的产出增长率。

以1991年为基期，运用式（5 - 12）就可以得到1992—2012 年绿色 TFP、劳动、人力资本、资本、能源和环境损耗对经济增长的累计贡献份额，其具体结果如图5 - 1 所示。

从图5 - 1 可以看出，1991—1996 年中国经济增长的首要动力为绿色 TFP，其次是资本，尽管绿色 TFP 对经济增长的贡献份额一度达到60% 以上，但人力资本贡献份额随着时间推移不断上升，在1997 年超过绿色 TFP，成为经济增长最重要的动力，并一直持续到2009 年。在这期间，资本、绿色 TFP 贡献

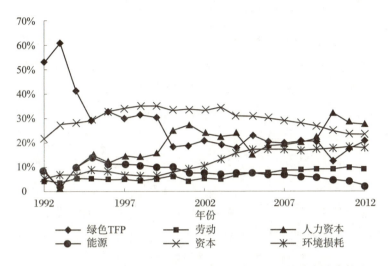

图 5 - 1　1991—2012 年中国经济增长动力在时间上的动态演变轨迹

份额逐渐下降，人力资本贡献份额波动上升，最终人力资本成为最重要的经济增长动力。总之，以 1996 年、2009 年为转折点，绿色 TFP、资本、人力资本交替成为中国经济增长首要动力，据此可以划分为三个阶段：1991—1996 年、1996—2009 年、2009—2012 年。运用式（5 - 12）计算三个阶段的经济增长各项来源累计贡献与贡献份额，进而分阶段研究不同时期中国经济增长动力出现的动态交替演变特征（见表 5 - 2）。

表 5 - 2　1991—2012 年中国经济增长动力来源的动态交替演变特征

单位:%

时间	经济增速	绿色 TFP	劳动	人力资本	资本	能源	环境损耗
1992—1996 年 （1991 年为基期）	94.3	30.8	4.2	11.3	30.5	7.3	10.2
	100.0	32.7	4.5	12.0	32.4	7.7	10.8
	绿色 TFP > 资本 > 人力资本 > 环境损耗 > 能源 > 劳动						
1997—2009 年 （1996 年为基期）	323.1	60.1	30.6	73.6	83.9	59.8	15.1
	100.0	18.6	9.5	22.8	26.0	18.5	4.7
	资本 > 人力资本 > 绿色 TFP > 能源 > 劳动 > 环境损耗						
2010—2012 年 （2009 年为基期）	40.0	8.2	3.8	16.4	5.6	7.7	- 1.7
	100.0	20.4	9.6	40.9	14.1	19.1	- 4.1
	人力资本 > 绿色 TFP > 能源 > 资本 > 劳动 > 环境损耗						

注：由于对数据进行了四舍五入，百分比总和可能不为 100%。

（1）1992—1996 年，在邓小平同志南方谈话之后，亚洲金融危机之前，中国经济处于"又快又好"的黄金发展时期。1992 年，邓小平南方谈话，明确提出社会主义市场经济改革目标，改革开放进入了新的时期，进入改革开放的"第二个阶段"。在这一阶段，一方面短短五年时间中国经济总量接近翻一番，经济高速发展；另一方面，经济改革进一步深化，经济效益显著改善，促进了 TFP 对经济增长贡献的提高，1993 年绿色 TFP 对经济增长的贡献达10.9%，贡献份额高达 60.7%，为 1992—2012 年的最高值。整体来说，1992—1996 年绿色 TFP 对经济增长的贡献份额高达 32.7%，绿色 TFP 为经济增长最主要的动力，依靠生产率提高的集约型增长模式带来了高质量的经济增长。此外，能源、环境损耗对经济增长的贡献份额分别仅为 7.7%、10.8%，可见在这一阶段经济增长对能源、环境的依赖都不高，经济增长模式并未表现出高消耗、高排放的特征，仅表现为高投入，资本对经济增长的贡献份额为 32.4%，与绿色 TFP 的贡献份额接近。本书计算的绿色 TFP 对经济增长的贡献份额为32.7%，与研究期限范围大致相同的其他研究相比，比孙琳琳和任若恩（2005）[207]（1988—1994，42.23%）、王小鲁等（2009）[223]（1989—1998，37.85%）、刘瑞翔（2013）[303]（1989—1996，39.49%）的结果略低一些，接近董敏杰、梁泳梅（2013）[111]（1992—2001，30.1%）的结果。本书与之前的研究都表明，1992—1996 年中国经济增长主要受绿色 TFP 驱动迅速发展，而本书加入能源和环境损耗因素进一步分析表明，这一阶段经济增长对能源、环境的依赖都不高。

（2）1997—2009 年，在 1997 年亚洲金融危机爆发之后，2008 年世界金融危机之前，中国经济受到了巨大的冲击，GDP 增速在 1997—2001 年 4 年间迅速回落到 10% 以下，由于社会投资乏力和经济停滞的连带风险增大，中国走向了凯恩斯主义的宏观调控道路，即政府利用不断增长的财政能力直接参与扩大投资的投资拉动增长模式，故在这一阶段中国经济增长的主要动力转换为资本，要素投入成为中国经济在低谷中维持稳定增长的主要手段。1997—2009年，中国经济增长累计增速 323.0%，其中资本贡献 83.9%、人力资本贡献73.6%、绿色 TFP 贡献 60.1%、能源贡献 59.8%、劳动贡献 30.6%、环境损耗贡献 15.1%，贡献份额分别为 26.0%、22.8%、18.6%、18.5%、9.5% 和4.7%。中国经济增长主要依靠资本，特别是亚洲金融危机爆发后的最初几年，资本对经济增长的贡献份额超过30%，甚至在1997年达到最高值38.9%。此外，在这漫长的依靠资本拉动经济增长的13年里，仍有两个小的转折点：1999年以前，人力资本、能源对经济增长的贡献份额基本在10%左右，与资本、绿色TFP差距很大，从1999年开始人力资本、能源对经济增长的贡献份额不断上升，与此同时绿色TFP对经济增长的贡献份额波动下降，三者之间的差距不断缩小；而从2006年开始，一直到2009年，是人力资本、能源、绿色TFP对经济增长的作用的胶着阶段，对经济增长的贡献份额基本都维持在20%左右，同时资本对经济增长的贡献份额开始缓慢下降。这说明，中国的积极财政政策通常只是半个凯恩斯主义的，即在撬动投资方面表现得异常积极，通过积极财政政策很难持久地促进经济增长，依靠资本的经济增长模式是很难持续的，所以政府不得不加大对资源的消耗力度。

（3）2009—2012年，在2008年国际金融危机之后，中国经济并没有想象得那样增速迅速回落，而是依靠人力资本依然维持在10%以上的增速。这主要得益于2006年10月8日至11日召开的中国共产党第十六届六中全会提出"坚持教育优先发展"的要求，促进了教育的发展与人力资本的迅速积累，在2009—2012年中国经济增长累计增速40.1%，其中人力资本贡献16.4%，贡献份额达到40.9%，人力资本在后金融危机时代发挥了至关重要的作用。此外，绿色TFP贡献8.2%、能源贡献7.7%、资本贡献5.6%、劳动贡献3.8%，贡献份额分别为20.4%、19.1%、14.1%和9.6%，也发挥了很重要的作用。最后，环境损耗贡献－1.7%，贡献份额－4.1%，该指标为负说明在经济增长的同时，资源环境作为一种生产要素投入不增反减，环境污染排放减少，这一方面得益于中国政府认识到资源环境的重要性，开始重视保护生态环境与治理环境污染，在"十一五"规划纲要中设置了相应约束性指标，政府主动调控有效地减少了经济增长对于资源环境的消耗；另一方面也是经济依靠人力资本而非资本增长带来的益处，由于资本的逐利性导致企业过分追求利润而忽略环境保护与污染治理，过分依赖资本的经济增长必然会伴随着污染，而受教育水平的提高会带来环保意识的增强，同时依靠人力资本的增长模式则更多的是体现了对人才的重视，更能够促进经济转向创新驱动型，减少对资源环境的依赖。这也侧面说明了经济增长不应过分依赖资本、能源等要素，而应依靠人力资本、绿色TFP，才能减少环境污染，实现长期和高质量的可持续发展。

5.3.3 空间演变特征

类似地，运用式（5-12）得到东、中、西部各阶段经济增长各项来源累计贡献份额（见表5-3）。

表5-3 1991—2012年东、中、西部经济增长动力来源的动态交替演变特征

单位:%

地区	时间	经济增长累计增速	各项动力来源累计贡献份额（总和等于100%）					
			绿色 TFP	劳动	人力资本	资本	能源	环境损耗
东部	1992—1996 年	108.8	50.6	2.9	8.6	23.4	3.6	10.9
	1997—2009 年	335.9	45.5	8.8	21.3	13.3	8.1	3.0
	2010—2012 年	36.1	56.2	8.3	30.3	4.6	6.9	-6.3
中部	1992—1996 年	84.3	15.9	3.9	11.6	47.3	12.3	9.1
	1997—2009 年	309.1	-4.0	7.2	22.2	45.4	24.2	4.5
	2010—2012 年	44.3	0.9	5.1	51.0	16.4	26.0	0.7
西部	1992—1996 年	72.1	-7.7	11.5	25.7	41.4	15.8	13.4
	1997—2009 年	304.8	-37.4	15.4	28.8	37.6	45.0	10.5
	2010—2012 年	47.0	-42.3	19.6	53.1	35.0	40.3	-5.6

注：由于对数据进行了四舍五入，百分比总和可能不为100%。

第一，1991—2012年东部地区是依靠绿色TFP，且对环境、能源依赖较小的绿色可持续发展模式。1991—2012年，东部地区经济增长的主要驱动力自始至终都为绿色TFP，且绿色TFP对东部经济增长的贡献份额超过50%，是东部经济增长最重要的源泉；资本、人力资本交替成为东部经济增长第二重要动力源泉，1992—1996年经济增速累计108.8%，资本对经济增长贡献25.5%，贡献份额达到23.4%，而1997—2009年、2010—2012年这两个阶段资本对经济增长的贡献份额则下降到13.3%和4.6%，人力资本对经济增长的贡献份额从1992—1996年的8.6%上升到1997—2009年的21.3%和2010—2012年的30.3%；劳动、能源对经济增长的贡献份额及其变化都很小，贡献份额在各个阶段都不超过9%；东部地区经济增长对环境损耗的依赖不断下降，其对经济增长的贡献份额从1992—1996年的10.9%下降到1997—2009年的3.0%，甚至在2010—2012年变为-6.3%。

第二，1991—2012年中部地区经济增长主要依靠要素投入，其经济增长主要动力从资本切换为人力资本，资本、人力资本、绿色TFP、能源都曾成为

中部地区经济增长的重要源泉。1992—2009 年经济增长最重要的动力是资本，但其对经济增长的贡献份额是在下降的，从高于 45% 下降到 2010—2012 年的 16.4%；人力资本对经济增长的贡献份额不断上升，在 2010—2012 年达到 51%，成为这一阶段最重要的经济增长动力；能源对经济增长的贡献份额在不断攀升，从 12.3% 到 26%，但环境损耗对经济增长的贡献份额并没有像能源一样上升，相反地，这一指标还在下降，到 2010—2012 年仅为 0.7%，这也从侧面说明环境污染与过度消耗能源并没有直接关系；中部地区的经济增长也不是依靠绿色 TFP 的可持续模式，绿色 TFP 对经济增长的贡献份额较低，甚至在 1997—2009 年为负；劳动要素对经济增长的贡献份额很小，在 5% 左右，波动也不大，并未成为经济增长的重要源泉。

第三，1991—2012 年西部地区经济增长主要依靠资本、能源及人力资本等投入要素，其主要动力从资本切换为能源又转换为人力资本。尽管资本、能源、人力资本只是在某一阶段为主要增长动力，但其对经济增长的贡献份额一直很高，多数时间都在 30% 以上，这也使得绿色 TFP 对西部经济增长的贡献份额一直为负，且不断扩大；西部是三大地区中唯一对劳动的依赖较大，且不断攀升的，到 2010—2012 年劳动对经济增长的贡献份额达到 19.6%；环境损耗对经济增长的贡献份额也在下降；西部地区依靠各投入要素在 2010—2012 年成为增长最快的地区，这也说明经济危机也是欠发达地区追上发达地区、缩小区域差异的一个契机。

综上所述，1991—2012 年东、中、西部经济增长动力转换的动态轨迹见表 5 - 4。

表 5 - 4 1991—2012 年东、中、西部经济增长动力转换的动态轨迹

地区	时间	经济增长动力
东部	1992—1996 年	绿色 TFP > 资本 > 环境损耗 > 人力资本 > 能源 > 劳动
	1997—2009 年	绿色 TFP > 人力资本 > 资本 > 劳动 > 能源 > 环境损耗
	2010—2012 年	绿色 TFP > 人力资本 > 劳动 > 能源 > 资本 > 环境损耗
中部	1992—1996 年	资本 > 绿色 TFP > 能源 > 人力资本 > 环境损耗 > 劳动
	1997—2009 年	资本 > 能源 > 人力资本 > 劳动 > 环境损耗 > 绿色 TFP
	2010—2012 年	人力资本 > 能源 > 资本 > 劳动 > 绿色 TFP > 环境损耗
西部	1992—1996 年	资本 > 人力资本 > 能源 > 环境损耗 > 劳动 > 绿色 TFP
	1997—2009 年	能源 > 资本 > 人力资本 > 劳动 > 环境损耗 > 绿色 TFP
	2010—2012 年	人力资本 > 能源 > 资本 > 劳动 > 环境损耗 > 绿色 TFP

各投入要素及绿色 TFP 对经济增长的促进作用，类似于物理学中各个力的合力作用，最终使经济增长呈现某一状态，因而本书运用物理学中的重力模型研究中国经济增长动力在空间上的转移，重力模型是根据物理学中总力矩最小的点为重心所在点来推算重心坐标的，其具体方法如式（5-13）所示。

$$\min S = \sum_{i=1}^{n} M_i \cdot R_i \Rightarrow \frac{\partial s}{\partial x_i} = 0, \quad \frac{\partial s}{\partial y_i} = 0 \qquad (5-13)$$

但式（5-13）无解析解，必须运用迭代公式求解，其具体方法如式（5-14）所示：

$$X^{(k+1)} = \frac{\sum\limits_{i=1}^{n} \dfrac{m_i \cdot x_i}{\sqrt{(x_i - x^k)^2 + (y_i - y^k)^2}}}{\sum\limits_{i=1}^{n} \dfrac{m_i}{\sqrt{(x_i - x^k)^2 + (y_i - y^k)^2}}}, \quad Y^{(k+1)} = \frac{\sum\limits_{i=1}^{n} \dfrac{m_i \cdot y_i}{\sqrt{(x_i - x^k)^2 + (y_i - y^k)^2}}}{\sum\limits_{i=1}^{n} \dfrac{m_i}{\sqrt{(x_i - x^k)^2 + (y_i - y^k)^2}}}$$

$$(5-14)$$

并令 $R_i' = \sqrt{(x_i - x^k)^2 + (y_i - y^k)^2}$，代入式（5-14），将其改写为式（5-15）。

$$X^{(k+1)} = \frac{\sum\limits_{i=1}^{n} \dfrac{m_i \cdot x_i}{R_i'}}{\sum\limits_{i=1}^{n} \dfrac{m_i}{R_i'}}, \quad Y^{(k+1)} = \frac{\sum\limits_{i=1}^{n} \dfrac{m_i \cdot y_i}{R_i'}}{\sum\limits_{i=1}^{n} \dfrac{m_i}{R_i'}} \qquad (5-15)$$

设 R_i 为各省份中心城市 $P(x_i, y_i)$ 到重心 $Q(\bar{x}, \bar{y})$ 的距离，并采用欧氏距离公式来计算。

$$R_i = \sqrt{(\bar{x} - x_i)^2 + (\bar{y} - y_i)^2} (0 \leqslant R_i \leqslant \infty) \qquad (5-16)$$

当 $R_i \Rightarrow 0$ 时表明第 i 个地区到重心的距离很短接近 0，则 $R_i = 0$ 表明第 i 个地区为重心所在地，最终重心坐标计算公式为：

$$\bar{x} = \frac{\sum\limits_{i=1}^{n} m_i \cdot x_i}{\sum\limits_{i=1}^{n} m_i}, \quad \bar{y} = \frac{\sum\limits_{i=1}^{n} m_i \cdot y_i}{\sum\limits_{i=1}^{n} m_i} \qquad (5-17)$$

在实际计算中，我们取各省份的省会城市经纬坐标代表该省，则经济增长重心动态演变轨迹如图 5-2 所示，经济增长动力重心动态演变轨迹如图 5-3 所示。

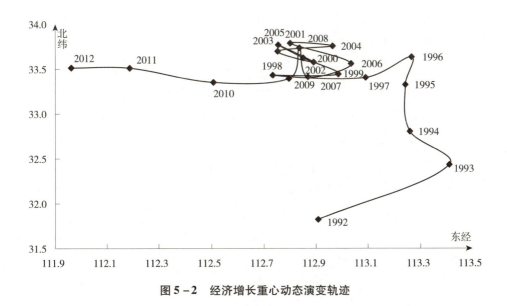

图 5 - 2　经济增长重心动态演变轨迹

图 5 - 2 表明，1992—1996 年我国经济增长重心有向北部转移的趋势，1992 年，邓小平南方谈话，明确提出社会主义市场经济改革目标，使得改革范围扩大，不再仅仅局限于东南地区，特别是整个东部沿海地区迅速发展，因而经济增长重心向北移动；1997—2005 年经济增长重心波动向西北转移，但变化不是很大，这一阶段整个经济增长处于相对稳定的状态；2006—2012 年，经济增长重心向西部方向移动的轨迹明显，这一切得益于 2000 年提出的西部大开发战略，使得西部经济增长迅速，但经济增长重心仍未离开东部范围。总之，得益于改革范围扩大和西部大开发战略，经济增长重心向西北移动的轨迹明显。

图 5 - 3 表明，1992—2012 年，我国绿色 TFP 作用重心呈波轮式演进，范围在东经 108.5° ~ 114.4°与北纬 29.4° ~ 34.4°之间，且有明显向西北部移动的趋势，特别是在 1999 年、2001 年与 2010 年，绿色 TFP 作用重心已经进入西部范围，而 1996 年、2011 年与 2012 年，绿色 TFP 作用重心相对靠北。尽管 1992 年以后社会主义市场经济改革范围扩大，但西部长时间受计划经济体制的影响，与国内沿江和沿海区域相比，对市场化改革难以适应，且西部地区工业起步晚、技术装备相对落后，故西部地区绿色 TFP 对于经济增长的贡献份额一直是最低的，并随着工业化过程的加快，对能源、资本等投入要素的依赖

加大，绿色 TFP 贡献份额不断下降，甚至达到负值，于是受西部地区的拖累，绿色 TFP 作用重心相对靠西部。

1992—2012 年，我国劳动作用重心的动态轨迹呈摇摆式，经历了数次从东到西又从西到东的震荡，最终稳定在东经 109.4°左右，偏向西部。1992 年市场经济改革以后，东部地区由于处于改革的前沿阵地，更高的劳动报酬、教育水平等吸引着中西部人口向东部沿海城市转移，出现"孔雀东南飞"的现象。东部地区劳动力充足，劳动对于经济增长贡献份额并不高，但西部地区由于本身人口就稀少，再加上成为人口的输出地，劳动作为稀缺要素，对于经济增长贡献份额较高，最终使得劳动作用重心偏向西部。

1992—2012 年，我国人力资本作用重心的动态轨迹从东到西，又从西到东，最终偏向东部。西部地区经济、教育都处于落后状态，人力资本作为稀缺要素，对于经济增长贡献份额较高，使得 1992—1999 年人力资本作用重心向西移动，但经过一段时间的发展，人力资本迅速积累，由于东部沿海发展更好，创造了高薪水、高生活品质等吸引人才的优势条件，更多的人才向东部转移，再加上东部本身的教育水平较高，促使人力资本作用重心在 2000—2012 年不断向东转移。

1992—2012 年，我国资本作用重心向西部移动的轨迹明显，虽然在 1992—2006 年资本重心经历了从西到东、从东到西的数次徘徊后，在 2007—2012 年大幅向西移动，最终在 2012 年停留在东经 103.8°，接近西宁的经度。资本作为最重要的投入要素之一，一直是稀缺要素。东部沿海地区，改革开放进程和发展程度较高，政策较好，对资本有天然的吸引力，而西部地区由于原始资本存量较低，资本的边际效应较高，资本对经济增长的贡献份额也高，所以在 1992—2006 年这一阶段，资本作用重心在东西部之间处于胶着状态。而 2006 年之后，由于西部大开发战略发挥作用，西部占据优势，迅速积累资本，也促使资本作用重心大幅向西移动。

1992—2012 年，我国能源作用重心从中部出发，在 1992—1997 年向西部移动，又从 2000 年开始向东部折返，最终在 2012 年停留在东经 114.1°。由于在 1992—1996 年阶段，西部地区资本、人力资本、劳动等投入要素都较为匮乏，技术水平和改革程度也不高，只能依赖能源，故能源对经济增长的贡献份

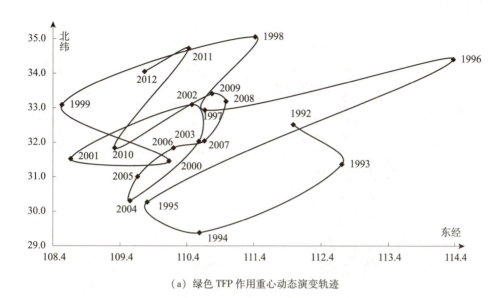

（a）绿色 TFP 作用重心动态演变轨迹

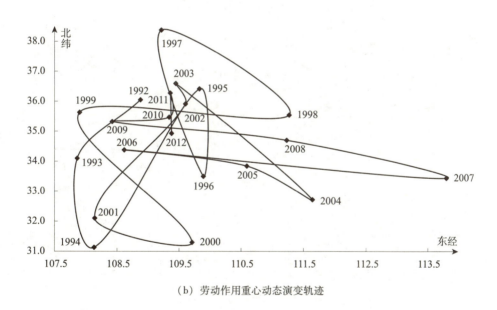

（b）劳动作用重心动态演变轨迹

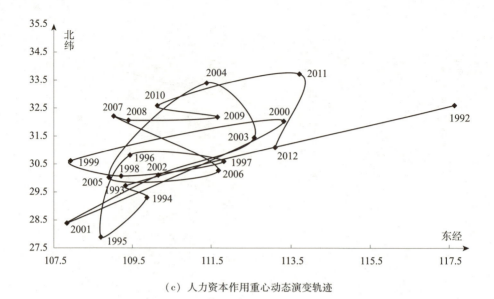

（c）人力资本作用重心动态演变轨迹

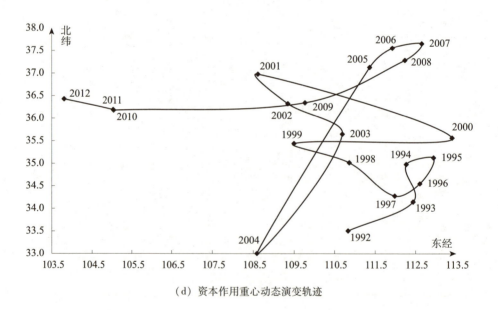

（d）资本作用重心动态演变轨迹

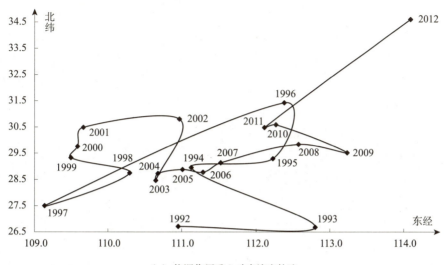

（e）能源作用重心动态演变轨迹

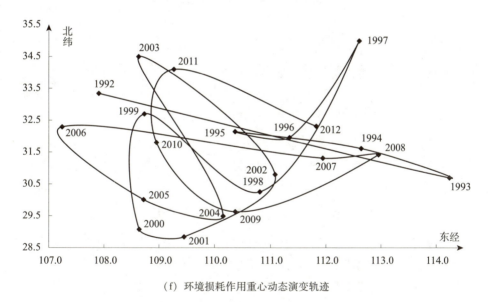

（f）环境损耗作用重心动态演变轨迹

图 5 - 3 各要素作用重心动态演变轨迹

额较高，促使能源作用重心从中部向西部移动。但得益于 2000 年提出的西部
大开发战略，西部地区其他要素迅速积累，对能源的依赖度降低，再加上
2003 年提出的振兴东北老工业基地战略，促使东北地区倚重能源来发展重工
业，这样使得能源作用重心不断向东北转移。

1992—2012 年，我国环境损耗作用重心转移的动态轨迹与绿色 TFP 作用类似，呈波轮式演进。环境损耗受到经济增长、技术水平、人力资本水平等多种要素的综合作用，所以其作用重心的运动轨迹较为复杂，没有明显地偏向东部或西部。

总的来说，从经济增长重心及其动力在空间上的动态转移轨迹我们可以看出，资本的动态演变轨迹与经济增长最为类似，经济增长重心向西部转移过程中伴随资本作用、绿色 TFP 作用重心的同方向移动，但劳动、人力资本、能源及环境损耗虽然都不同程度地向西移动，却最终又转回东部，这也验证了我们在时间维度的推测，资本、绿色 TFP 对经济增长的作用力较大，人力资本对经济增长的作用力也较大，但主要集中在东部发挥作用。

5.4 转变经济发展方式的政策建议

第一，中国经济发展方式需要转变，尤其是中部、西部地区。尽管 1992 年以后社会主义市场经济改革范围扩大，但西部长时间受计划经济体制的影响，与国内沿江和沿海区域相比，对市场化改革难以适应，且西部地区工业起步晚、技术装备相对落后，故西部地区绿色 TFP 对于经济增长的贡献份额一直是最低的。并随着工业化过程的加快，对能源、资本等投入要素的依赖加大，绿色 TFP 贡献份额不断下降，甚至达到负值，于是受西部地区的拖累，绿色 TFP 作用重心相对靠西部。近 20 年来中国仍是粗放型和不可持续的经济发展方式，主要依靠资本、人力资本、能源等投入要素。

第二，深化经济体制改革，是提高绿色 TFP 的重要方式。1992—1996 年，在邓小平同志南方谈话之后，改革开放进入了新的时期，中国经济增长在这一阶段主要依靠绿色 TFP 提高。而随着经济体制改革速度的减缓，改革红利消失，绿色 TFP 出现下降趋势，中国经济增长又转换为资本驱动型和人力资本驱动型。故而深化体制改革，形成公平、秩序良好的市场竞争体制，是提高绿色 TFP 的重要方式。

第三，提高教育普及水平，促进人力资本的累积，是实现经济可持续发展的一个突破口。由于资本的逐利性导致企业过分追求利润而忽略环境保护与污染治理，过分依赖资本的经济增长必然会伴随着污染，而受教育水平的提高会带来环保意识的增强，同时依靠人力资本的增长模式则更多的是体现了对人才的重视，更能够促进经济转向创新驱动型，减少对资源环境的依赖。经济增长依靠人力资本，能减少环境污染，实现长期和高质量的可持续发展。

第四，提高中部、西部地区绿色 TFP，转变其经济发展方式，才能从本质上缩短地区差距。东部发达地区的经济增长模式已经转变为依靠 TFP 提高的可持续发展模式。反观中部和西部地区，依然是粗放型和不可持续的经济发展模式，对资本的依赖超过 40%，特别是西部地区，不仅对资本、能源、人力资本等投入要素依赖很大，且绿色 TFP 对经济增长的贡献为负，再加上环境损耗对经济增长的贡献份额是三大区域里最高的，达到 8.2%，经济发展方式呈现高投入、高消耗、高排放的粗放型特征。在这种不同经济发展模式下，中部、西部与东部逐渐拉开差距。

6　结论与展望

6.1　结论

在能源短缺与环境污染已经成为制约中国社会经济发展两大瓶颈的背景下，针对经济增长过程中的能源、环境约束问题，通过将能源、环境因素纳入生产函数及全要素生产率的框架，研究能源、环境双重约束下的中国经济可持续增长问题以及经济高速增长的动力，对于正确认识中国目前所处的发展阶段、指导制定正确的宏观经济政策、实现经济持续增长，具有强烈的理论意义与实际意义。

本书在对已有能源、环境与经济增长相关理论与实证文献进行回顾的基础上，构建了能源、环境双重约束下的内生经济增长模型，并求解了经济持续增长的条件，基于非参数环境生产前沿模型实证研究了中国经济增长的可持续性问题以及经济高速增长的驱动因素，得到了以下初步结论。

第一，拓展并构建了一个基于产品种类扩张、考虑能源持续利用和污染治理的内生技术变化经济增长模型，同时将能源与环境因素引入生产函数和效用函数，运用最优控制方法求解经济可持续增长的条件，并进一步揭示能源消耗速率、污染治理与经济可持续增长之间应该满足的动态关系。模型的基本结论表明：在能源与环境的双重约束下，经济可持续增长是可以实现的，其实现的条件为：$u < 1 - \dfrac{\sigma}{\pi H}$、$b > \dfrac{\varphi}{1 + \varphi}$ 和 $\dfrac{(a + b)(1 + \varphi)}{\varphi} > \varepsilon > 1$。在这些条件下，内生的技术能够克服能源要素和环境要素对经济增长的约束，使经济的持续增长成为可能。

第二，按照人类生产和生活活动对于大气、水体和土壤三大环境要素的影响构建中国污染排放评价指标体系，将工业污染和生活污染纳入统一的研究框架，采用"改进的纵横向拉开档次法"评价1991—2012年中国30个省市（除西藏和港澳台外）污染排放整体状况。研究结果表明：在1991—2012年，污染排放最多省份及地区数（10个）多于污染排放最少省份及地区数（5个），而且污染排放最多省份及地区中，中东部省份及地区占到10个中的9个（东部5个，中部4个），中东部省份及地区依然是我国污染排放的重灾区，减排难度最大。根据整体污染排放的结果，基于序差分析方法，对中国30个省市1991—2012年的污染排放进行了动态排序。结果显示：在1991—2012年，有4个省份及地区的污染排放属于"跳跃"（前跳或后跳）型（$r_{max} \geq 10$）。其中，内蒙古、云南和贵州属于"前跳"型，四川属于"后跳"型；有11个省份及地区（如天津、河北、山东等）属于稳步型（$r_{max} \leq 4$）；有15个省份及地区属于亚稳步型（$5 \leq r_{max} \leq 9$）。在2006—2012年，有8个省份及地区污染排放属于稳步型，有15个省份及地区属于亚稳步型，有7个省份及地区属于"跳跃"型。"十一五"时期，四川省所实施的环保和产业发展政策值得其他省份及地区借鉴。对于高排放组，能源消费结构、重工业结构和禀赋结构对于污染排放有显著的正向影响，经济发展水平、能源效率、外商直接投资、城镇化水平和工业污染治理强度对于污染排放有显著的负向影响；对于低排放组，经济发展水平对污染排放有显著的正向影响，能源消费结构对于污染排放的正向影响及城镇化对于污染排放的负向影响并不显著，其余因素的影响方向与高排放组一致。

第三，中国经济发展方式需要转变，尤其是中部、西部地区。尽管1992年以后社会主义市场经济改革范围扩大，但西部长时间受计划经济体制的影响，与国内沿江和沿海区域相比，对市场化改革难以适应，且西部地区工业起步晚、技术装备相对落后，故西部地区绿色TFP对于经济增长的贡献份额一直是最低的，并随着工业化过程的加快，对能源、资本等投入要素的依赖加大，绿色TFP贡献份额不断下降，甚至达到负值，于是受西部地区的拖累，绿色TFP作用重心相对靠西部，近20年来中国仍是粗放型和不可持续的经济发展方式，主要依靠资本、人力资本、能源等投入要素。

第四，深化经济体制改革，是提高绿色TFP的重要方式。1992—1996年，在邓小平同志南方谈话之后，改革开放进入了新的时期，中国经济增长在这一阶段主要依靠绿色 TFP 提高。而随着经济体制改革速度的减缓，改革红利消失，绿色 TFP 出现下降趋势，中国经济增长又转换为资本驱动型和人力资本驱动型。故而深化体制改革，形成公平、秩序良好的市场竞争体制，是提高绿色 TFP 的重要方式。

第五，提高教育普及水平，促进人力资本的累积，是实现经济可持续发展的一个突破口。由于资本的逐利性导致企业过分追求利润而忽略环境保护与污染治理，过分依赖资本的经济增长必然会伴随着污染，而受教育水平的提高会带来环保意识的增强，同时依靠人力资本的增长模式则更多的是体现了对人才的重视，更能够促进经济转向创新驱动型，减少对资源环境的依赖。经济增长依靠人力资本，能减少环境污染，实现长期和高质量的可持续发展。提高中部、西部地区绿色 TFP，转变其经济发展方式，才能从本质上缩短地区差距。东部发达地区的经济增长模式已经转变为依靠 TFP 提高的可持续发展模式。反观中部和西部地区，依然是粗放型和不可持续的经济发展模式，对资本的依赖超过 40%，特别是西部地区，不仅对资本、能源、人力资本等投入要素依赖很大，且绿色 TFP 对经济增长的贡献为负，再加上环境损耗对经济增长的贡献份额是三大区域里最高的，达到 8.2%，经济发展方式呈现高投入、高消耗、高排放的粗放型特征。在不同经济发展模式下，中部、西部与东部逐渐扩大差距。

6.2 政策建议

改革开放以来，尽管中国经济经历了举世瞩目的高速增长，但依然没有走出高投入、高消耗、高污染、低质量、低效益、低产出的资源型经济增长方式，能源匮乏和环境污染是悬在中国经济可持续发展头上的两把利剑。以牺牲能源与环境为代价的粗放增长不可持续，因此转变经济增长方式，走能源消耗低、污染排放少的经济可持续增长道路是中国经济发展的必由之路。面对国际趋势和国内形势的新挑战，中国政府对产生的问题以及国情有了清醒的认识，提出了科学发展观，要求转变粗放型的经济增长方式。"十一五"规划明确提出建设资源节约型、环境友好型社会的目标，节能减排被确定为中国的基本国策。如何在能源、环境的双重约束下推进经济发展，提高经济增长质量，走可持续发展的道路是中国政府面临的重大问题。在这种背景下，针对经济增长过程中的能源、环境约束问题，通过将能源、环境因素纳入生产函数及全要素生产率的框架，本书研究了能源、环境双重约束下的中国经济可持续增长问题以及经济高速增长的动力，其研究结果具有重要的政策含义。

（1）加大对教育的重视和投入，多方支持科技创新与应用。理论研究表明，即使存在能源、环境的双重约束，也可以在内生技术的作用下实现经济的持续稳定增长。在人力资本 H 给定的情况下，经济增长速度和知识的生产速度 $\pi(1-u)H$ 和设计产出率 π 正相关，和人力资本在生产部门的配置比例 u 负相关。这一结论提醒人们，作为社会计划者的政府可以在这两个部门中有所作为：首先，政府干预可能影响人力资本水平。由于教育是人力资本投资的主要方式之一，所以人力资本水平的大小与整个教育过程密切相关，如果政府干预能提高一国的教育投资力度，从而提高人力资本水平，则经济的长期增长率将提高。其次，政府部门也可以在研发部门中施加措施。政府可以直接从事研发活动，或者通过补贴、财政支付、支持创业投资等方式鼓励私人企业增加研发投入，从而提高长期经济增长率。最后，政府干预可能影响人力资本的配置比例。政府部门应该制定较好的政策鼓励人力资本从事研发工作，增加人力资本在研究部门的配置，则经济的长期增长率将提高。

（2）加大环保投资力度，提高环保投资效率。理论研究表明，在稳态下，经济增长速度和环保投资效率 b 正相关，并且环保投资占资本存量的比例为常数。长期以来，我国环保投资主体单一，政府投资占主导地位，而私人投资相对较少。由于环保投资的不足，使得环保设施长期得不到维护和更新，导致设施难以达到设计的预期效果。因此，政府应当从制度上加大治理外部不经济性的存在，同时培育多元的环保投资主体，解决环保投资不足与效率不高的问题，从而提高长期经济增长率。

（3）大力调整能源消费结构，鼓励可再生以及清洁能源发展。理论研究表明，在稳态下，经济增长速度和能源技术的清洁指数 a 正相关，且能源的可持续利用以及经济的增长必须依靠一个较大的能源再生来保证。长期以来，以煤炭为主的能源消费结构给我国环境造成了较大的压力，据林伯强、蒋竺均（2009）[1] 对中国能源消费结构的预测，在有能源规划目标的约束下，中国

2040 年煤炭消费占能源消费的比例仍高达 56.11%。另外，不可再生能源的总量尽管可以依靠勘探和利用技术而在短期内得以提高，但其储量的有限性决定了其自然增长率随时间推移逐渐收敛于零，而可再生能源的增长不受储量的限制，是能源与经济走向可持续发展的必由之路。目前，中国以水电、核电、风电为主的清洁、优质的非化石燃料的利用比重偏低，还没有超过 8%。所以，必须加大对可再生能源技术的投入力度，努力开发可再生能源以替代耗竭性的化石能源。扶持农林业废弃物、畜禽粪便、城市垃圾利用为主的生物质能源的开发利用，加大对太阳能、风能、小水电为主的清洁能源的投入力度，一方面可以减少污染排放对环境的影响，另一方面可以提高能源的清洁指数，从而提高长期经济增长率。

（4）造就绿色企业，实现"绿色增长"。实证结果表明，现阶段中国还处在 EKC 曲线的两难区间，在今后相当长的一段时间内，中国的人均收入肯定呈上升趋势，未来若干年中国的环境状况依然不容乐观。如果按照目前的经济增长与资源消耗方式继续发展，中国可能在尚未到达曲线转折点时，已先面临环境崩溃从而无法支撑经济社会持续发展的局面。因此，必须彻底转变经济发展方式，建设低投入、高产出、低消耗、少排放、能循环、可持续的国民经济和节约型社会，推行绿色 GDP 观念，倡导更干净、有效率的经济增长，并通过积极的环境政策干预使经济增长所造成的环境问题处在环境与经济协调发展的安全警戒线下，为此需要采取有力措施，改造高耗能、高污染企业；需要发展新型低污染、能循环的绿色产业；需要实行环境成本内部化战略，造就绿色企业，国家才会有绿色的 GDP，只有将绿色 GDP 的形成基础和环境保护在战略层面上有效组合起来，发挥技术进步在企业绿色化改造和发展中所起的决定性作用，才能走出我国工业化进程中边发展、边污染、边治理的恶性循环。

（5）节能减排工作要因地制宜，不能千篇一律。实证研究结果表明，不同地区影响污染排放的主要因素有所差别。因此需在符合全国全局利益的前提下，制定节能减排政策既要注重全国情况又要着眼于中国国内不同区域、不同产业发展的实际情况，针对不同发展水平地区、不同产业有针对性地制定不同的节能减排、能源降耗政策。重点加大第二产业的节能减排工作，改善以煤消费为主的能源消费结构，提高能源使用效率，深化能源价格市场化改革，理顺资源环境产权制度，培育资源环境产权交易市场，提高能源的相对价格和使用成本，逐步建立能够反映资源稀缺程度、市场供求关系和环境成本的价格形成机制，重视中、西部地区产业结构的调整与优化，积极发展第三产业。针对目前国际国内产业转移的趋势，中西部地区除考虑本地区的资源优势外，在承接外部产业转移时，应尽量控制高耗能、高污染产业向本地区转移，避免由此造成本地区资源、环境压力过大，单位产值能耗难以降低的恶性循环。

（6）坚决贯彻落实科学发展观，把转变经济增长方式作为经济工作的中心环节。实证分析结果充分说明中国还没有完全转变"高投入、高消耗、高排放、不协调、难循环、低效率"的粗放型经济发展方式，经济增长已经严重受到能源消费、环境污染的约束，经济增长与能源消费之间存在双向因果关系。该结果对致力于在未来把中国经济发展为一个完全工业化国家的政策制定者有重要政策启示。既然能源是中国经济增长的一个刺激因素，那么能源保护政策的实施可能严重影响中国经济增长。由能源供求矛盾而引起的能源冲击可能会影响到中国的经济增长，能源短缺可能会对经济增长产生不利影响。因此对能源供应可能出现的波动和短缺必须保持高度警惕并做好应对的准备；在制定有关温室气体减排的能源政策时，必须充分考虑可能对能源消费形成的影响，通过精心设计并制定执行积极的可持续发展的能源政策，让环境与能源的成本内部化，优化产业结构和能源消费结构，从而推动中国经济的可持续发展。

（7）改变现有的干部考核体系，转变政府的政绩观。在地方政府官员绩效考评中，节能减排指标已经成为一个实实在在的指标，但是经济发展指标仍占据了更加重要的地位。以 GDP 为导向的政绩观造成了很多地方的政府官员唯经济发展至上，忽略了节能减排的重要性。因此，应加大节能减排在政府官员绩效考核中的比重，必要的时候可以实行一票否决制。

（8）大力发展循环经济，加强生态建设和环境保护，加快建设资源节约型、环境友好型社会。循环经济可以充分提高资源和能源的利用效率，最大限度地减少资源的使用，减少废弃物的排放，使资源得到合理有效地利用，使生态环境得到保护。把传统经济的"资源—产品—废弃物"单向流动的开环式经济系统转变成一个"资源—产品—废弃物—资源"的闭环式经济系统。将循环经济的理念贯彻于生产、流通、消费和回收各个环节，在全社会树立节约资源的观念，培育人人节约资源的社会风尚，逐步形成有利于节约资源的产业结构和消费方式。因此，发展循环经济、建设循环型社会，是当前经济发展和资源环境保护有机结合、转变经济增长模式的重要途径。

6.3　展望

本书是在前人已有研究的基础上进行的有益尝试，尽管本书在理论体系上、研究方法上都有一定的创新意义，从理论和实证研究两个层面对能源、环境双重约束下的经济可持续增长进行了探讨，但仍存在一定的不足，还有更多方面的工作亟待完善。主要表现在以下两个方面。

（1）在理论研究方面，虽然在 R&D 型内生增长模型中，同时将能源与环境因素引入生产函数和效用函数，建立一个能源与环境双重约束条件下的，同时考虑能源可持续利用与污染治理的可持续增长模型，很好地解决了能源要素和环境要素的内生化问题。但在模型中至少还存在两个缺憾：一是人力资本还是一个给定的常数。二是研究的框架是一个封闭经济。因此，本书的模型还可以进一步拓展，可以考虑在理论模型中加入人力资本开发部门，把 FDI、国际贸易等因素纳入增长模型中，对开放经济中的内生增长理论进行深入研究。

（2）在经验研究方面，一是本书的污染排放指数虽然考虑的因素比较全面，但并没有考虑不同污染物对环境破坏的程度与各地环境自净能力的差异进行新的评价。二是在本书的研究基础上，可以考虑进行大规模的跨国比较研究和行业研究。显然，由于各国之间统计口径的差异，对数据的收集提出了更高的要求。

参考文献

［1］林伯强，蒋竺均. 中国二氧化碳的环境库兹涅茨曲线预测及影响因素分析［J］. 管理世界，2009（4）：27－36.

［2］肖宏伟. 2013～2020 年能源需求预测及对策建议［J］. 宏观经济管理，2014（1）：51－52.

［3］胡鞍钢，鄢一龙，杨竺松. 打造中国经济升级版：背景、内涵与途径［J］. 国家行政学院学报，2013（4）：9－15.

［4］LIN, JUSTIN YIFU. Is China's growth real and sustainable?［J］. Asian Perspective, 2004, 28（3）：5－29.

［5］KRUGMAN PAUL. The myth of Asia's miracle［J］. Foreign Affairs, 1994, 73（6）：62－78.

［6］YOUNG ALWYN. The tyranny of numbers：confronting the statistical realities of the east Asian growth experience［J］. The Quarterly Journal of Economics, 1995, 110（3）：641－680.

［7］ZHENG JINGHAI, ARNE BIGSTEN, ANGANG HU. Can China's growth be sustained? a productivity perspective［C］. Working Papers in Economics（No 236）from Goteborg University, Department of Economics, 2007.

［8］LUCAS, ROBERT JR. On the mechanics of economic development［J］. Journal of Monetary Economics, 1988, 22（1）：3－42.

［9］［美］威廉·福格特. 生存之路［M］. 北京：商务印书馆，1981.

［10］［美］蕾切尔·卡尔逊. 寂静的春天［M］. 长春：吉林人民出版社，1997.

［11］MEADOWS H, ET AL. The limits to growth［M］. New York：New York University Books, 1972.

［12］RASHE R, TATOM J. Energy resources and potential GNP［J］. Federal Reserve Bank of St Louis Review, 1977, 59（6）：68－76.

［13］HARTWICK J M. Intergenerational equity and the investing of rents from exhaustible resources [J]. American Economic Review, 1977, 67 (5): 972 –974.

[14] DASGUPTA P, HEAL G. The optimal depletion of exhaustible resources [J]. Review of Economic Studies, 1974, 41 (5): 3 – 28.

[15] DASGUPTA P, HEAL G. Economic theory and exhaustible resources [M]. Cambridge: Cambridge University Press, 1979.

[16] STIGLITZ J. Growth with exhaustible natural resources: efficient and optimal growth paths [J]. Review of Economic Studies, 1974, 41 (5): 123 – 137.

[17] SOLOW R. Intergenerational equity and exhaustible resources [J]. Review of Economic Studies, 1974 (41): 29 – 45.

[18] GARG P, SWEENEY J. Optimal growth with depletable resources [J]. Resources & Energy, 1978, 1 (1): 43 – 56.

[19] ROMER P. Increasing returns and long-run growth [J]. Journal of Political Economy, 1986, 94 (5): 1002 – 1037.

[20] ROMER P. Endogenous technological change [J]. Journal of Political Economy, 1990 (98): 71 – 102.

[21] LUCAS R. On the mechanics of economic development [J]. Journal of Monetary Economics, 1988, 22 (1): 3 – 42.

[22] STOKEY N. Learning by doing and the introduction of new goods [J]. Journal of Political Economy, 1988 (96): 1 – 17.

[23] GROSSMAN G, HELPMAN E. Innovation and growth in the global economy [M]. Cambridge, MA: MIT Press, 1991.

[24] REBELO S. Long-run policy analysis and long-run growth [J]. Journal of Political Economy, 1991 (99): 500 – 521.

[25] AGHION P, HOWITT P. A model of growth through creative destruction [J]. Econometrica, 1992, 60 (2): 323 – 351.

[26] 蒲勇健. 可持续发展经济增长方式的数量刻画与指数构造 [M]. 重庆: 重庆大学出版社, 1997.

[27] 王海建. 耗竭性资源、R&D 与内生经济增长模型 [J]. 系统管理学报, 1999a, 8 (3): 38 –42.

[28] 王海建. 资源环境约束之下的一类内生经济增长模型 [J]. 预测, 1999b, 17 (4): 36 – 38.

[29] 王海建. 耗竭性资源管理与人力资本积累内生经济增长 [J]. 管理工程学报, 2000a,

14 (3)：11 – 13.

[30] 王海建. 资源约束、环境污染与内生经济增长 [J]. 复旦学报：社会科学版，2000b
(1)：76 – 80.

[31] 马利民，王海建. 耗竭性资源约束之下的 R&D 内生经济增长模型 [J]. 预测，2001,
20 (4)：62 – 64.

[32] 刘凤良，郭杰. 资源可耗竭、知识积累与内生经济增长 [J]. 中央财经大学学报，
2002 (11)：64 – 67.

[33] 杨宏林，田立新，丁占文. 能源约束下的经济可持续增长 [J]. 系统工程，2004, 22
(3)：40 – 43.

[34] 彭水军，包群，赖明勇. 自然资源耗竭、内生技术进步与经济可持续发展 [J]. 上
海经济研究，2005 (3)：3 – 13.

[35] 彭水军，包群. 资源约束条件下长期经济增长的动力机制——基于内生增长理论模型
的研究 [J]. 财经研究，2006, 32 (6)：110 – 119.

[36] 陶磊，刘朝明，陈燕. 可再生资源约束下的内生增长模型研究 [J]. 中南财经政法
大学学报，2008 (1)：16 – 19.

[37] 彭水军. 自然资源耗竭与经济可持续增长：基于四部门内生增长模型分析 [J]. 管
理工程学报，2007, 21 (4)：119 – 124.

[38] 许士春，何正霞，魏晓平. 资源消耗、技术进步和人力资本积累下的经济可持续增长
模型 [J]. 哈尔滨工业大学学报：社会科学版，2008, 10 (4)：89 – 94.

[39] 丁晓钦，尹兴. 资源约束不断加深下的可持续增长 [J]. 经济学家，2010 (2)：
29 – 37.

[40] 肖文，唐兆希. 能源约束、技术进步与可持续发展——一个基于中间产品质量进步的
分析框架 [J]. 经济理论与经济管理，2011 (1)：87 – 94.

[41] 马颖. 基于耗竭性资源的内生经济增长模型分析 [J]. 统计与决策，2012 (21)：80 – 83.

[42] KEELER E, SPENCE M, ZECKHAUSER R. The optimal control of pollution [J]. Journal
of Economic Theory, 1971, 4 (1)：19 – 34.

[43] D'ARGE R C, KOGIKU K C. Economic growth and the environment [J]. Review of Eco-
nomic Studies, 1973, 40 (1)：61 – 77.

[44] GRUVER G W. Optimal investment in pollution control capital in a neoclassical growth context
[J]. Journal of Environmental Economics and Management, 1976, 3 (3)：165 – 177.

[45] FORSTER B A. Optimal capital accumulation in a polluted environment [J]. Review of Eco-
nomic Studies, 1977, 39 (3)：544 – 547.

［46］ BECKER R A. Intergenerational equity: the capital-environment trade-off ［J］. Journal of
　　　 Environmental Economics and Management, 1982, 9 (2): 165 – 185.

［47］ TAHVONEN O, KUULUVAINEN J. Economic growth, pollution and renewable resources
　　　 ［J］. Journal of Environmental Economics and Management, 1993, 24 (2): 101 – 118.

［48］ SELDEN T, D SONG. Neoclassical growth, the J curve for abatement, and the inverted U
　　　 curve for pollution ［J］. Journal of Environmental Economics and Management, 1995, 29
　　　 (2): 162 – 168.

［49］ STOKEY N L. Are there limits to growth? ［J］. International Economic Review, 1998, 39
　　　 (1): 1 – 31.

［50］ LOPEZ R. The environment as a factor of production: the effects of economic growth and
　　　 trade liberalization ［J］. Journal of Environmental Economics and Management, 1994, 27
　　　 (2): 163 – 184.

［51］ MCCONNELL K E. Income and the demand for environmental quality ［J］. Environment and
　　　 Development Economics, 1997, 2 (4): 383 – 400.

［52］ KRISTRÖM S. On a clear day, you might see the Environmental Kuznets Curve ［C］. Mim-
　　　 eo, 1998.

［53］ KRISTRÖM S. Growth, employment and the environment ［J］. Swedish Economic Policy
　　　 Review, 2000, 45 (1): 123 – 145.

［54］ JONES L, MANUELLI R. A convex model of equilibrium growth: theory and policy implica-
　　　 tions ［J］. Journal of Political Economy, 1990, 98 (10): 1008 – 1038.

［55］ REBELO S. Long-run policy analysis and long-run growth ［J］. Journal of Political Econo-
　　　 my, 1991, 99 (5): 500 – 521.

［56］ BOVENBERG A L, SMULDERS S A. Environmental quality and pollution – augmenting
　　　 technological change in a two – sector endogenous growth model ［J］. Journal of Public Eco-
　　　 nomics, 1995, 57 (3): 369 – 391.

［57］ BOVENBERG A L, SMULDERS S A. Transitional impacts of environmental policy in an
　　　 endogenous growth model ［J］. International Economic Review, 1996, 37 (4): 861 – 893.

［58］ HUNG V T Y, CHANG P, BLACKBURN K. Endogenous growth, environment and R&D
　　　 ［C］. Trade Innovation and Environment, 1993.

［59］ GRADUS R, SMULDERS S. The trade-off between environmental care and long-term growth-
　　　 pollution in three prototype growth models ［J］. Journal of Economics, 1993, 58 (1):
　　　 25 – 51.

［60］ LIGTHART J E, VANDER PLOEG F. Pollution, the cost of public funds and endogenous growth ［J］. Economic Letters, 1994, 46（4）: 339 – 349.

［61］ BARRO R J. Government spending in a simple model of endogenous growth ［J］. Journal of Political Economy, 1990, 98（1）: 103 – 125.

［62］ BELTRAT A. Growth with natural and environment resource ［C］. Fondazione ENI Enrico Mattei Working Paper, 1995: 28 – 45.

［63］ GOULDER L, MATHAI K. Optimal CO_2 abatement in the presence of induced technological change ［C］. Cambridge, USA: Working Paper 6694, NBER, 1998: 225 – 249.

［64］ NORDHAUS W. Modeling induced innovation in climate change policy ［C］. IIASA, Laxenburge: Paper Forthe workshop induced technological change and the environment, 1999: 355 – 367.

［65］ AGHION P, HOWITT P. Endogenous growth theory ［M］. Cambridge, MA: MIT Press, 1998.

［66］ GRIMAUD A. Pollution permits and sustainable growth in Schumpeterian models ［J］. Journal of Environmental Economics and Management, 1999, 38（3）: 249 – 266.

［67］ GRIMAUD A, ROUGE L. Non – renewable resources and growth with vertical innovations: optimum, equilibrium and economic policies ［J］. Journal of Environmental Economics and Management, 2003, 45（2S）: 433 – 453.

［68］ GRIMAUD A, ROUGE L. Pollution non – renewable resources, innovation and growth: welfare and environmental policy ［J］. Resource and Energy Economics, 2005, 27（2）: 109 – 129.

［69］ 陈超, 王海建. 环境外在性与"干中学"内生经济增长 ［J］. 预测, 2002, 21（2）: 68 – 70.

［70］ 彭水军. 污染外部性、可持续发展与政府政策选择——基于内生化劳动供给和人力资本积累的动态模型 ［J］. 厦门大学学报: 哲学社会科学版, 2008（3）: 50 – 57.

［71］ 李仕兵, 赵定涛. 环境污染约束条件下经济可持续发展内生增长模型 ［J］. 预测, 2008, 27（1）: 72 – 76.

［72］ 黄菁. 环境污染、人力资本与内生经济增长: 一个简单的模型 ［J］. 南方经济, 2009（4）: 3 – 11.

［73］ 黄菁. 环境污染与内生经济增长——模型与中国的实证检验 ［J］. 山西财经大学学报, 2010, 32（6）: 15 – 22.

［74］ 贺俊, 胡家连, 袁祖怀. 基于内生增长模型的环境污染与经济增长之间关系研究 ［J］. 合肥工业大学学报: 自然科学版, 2012, 35（10）: 1422 – 1427.

［75］公维凤，王传会，周德群. 考虑碳减排成本的内生经济增长路径研究［J］. 数学的实践与认识，2013，43（5）：49－54.

［76］邹庆，陈迅，吕俊娜. 我国经济增长与环境协调发展研究——基于内生增长模型和EKC假说的分析［J］. 中央财经大学学报，2014，1（9）：89－97.

［77］中国国家统计局景气监测中心. 区域经济合作的格局和走向［N］. 经济日报，2006－05－24（16）.

［78］JOHN A，PECCHENINO R. An overlapping generation's model of growth and the environment［J］. The Economic Journal，1994，104（426）：1393－1410.

［79］JOHN A，PECCHENINO R，SCHIMMELPFENNIG D，SCHREFT S. Short－lived agents and the long－lived environment［J］. Journal of Public Economics，1995，58（1）：127－141.

［80］DIAMOND P. National debt in a neoclassical growth model［J］. American Economic Review，1965，55（5）：1126－1150.

［81］COPELAND B R，M S TAYLOR. North－south trade and the environment［J］. Quarterly Journal of Economics，1994，109（3）：755－787.

［82］COPELAND B R，M S TAYLOR. Trade and trans－boundary pollution［J］. American Economic Review，1995，85（4）：716－737.

［83］COPELAND B R，M S TAYLOR. Trade，growth and the environment［J］. Journal of Economic Literature，2004，42（1）：7－71.

［84］ACEMOGLU D，AGHION P，BURSZTYN L ET AL. The environment and directed technical change［J］. American Economic Review，2012，102（1）：131－166.

［85］于渤，黎永亮，迟春洁. 考虑能源耗竭、污染治理的经济持续增长内生模型［J］. 管理科学学报，2006，9（4）：12－17.

［86］张彬，左晖. 能源持续利用、环境治理和内生经济增长［J］. 中国人口·资源与环境，2007，17（5）：27－32.

［87］李金铠. 能源约束与中国经济增长研究：理论与实证［M］. 北京：中国物资出版社，2009.

［88］王庆晓，崔玉泉，张延港. 环境和能源约束下的内生经济增长模型［J］. 山东大学学报：理学版，2009，44（2）：52－55.

［89］许士春，何正霞，魏晓平. 资源消耗、污染控制下经济可持续最优增长路径［J］. 管理科学学报，2010，13（1）：20－30.

［90］夏传勇，张曙光，昌敦虎. 一个资源和环境约束下的两部门内生经济增长模型［J］. 生态经济，2010（11）：69－72.

［91］陈丽萍，李彤．资源环境视角下的可持续经济增长机制研究［J］．北京理工大学学报：社会科学版，2010，12（6）：36－39.

［92］杨万平，袁晓玲．能源持续利用、污染治理下的经济可持续增长模型［J］．西安交通大学学报：社会科学版，2011，31（5）：80－85.

［93］范定祥，廖进中，欧绍华．排放强度约束下的最优经济增长分析［J］．系统工程，2012（6）：81－85.

［94］郑丽琳，朱启贵．能源、环境约束下垂直技术进步、产业结构变迁与经济可持续增长［J］．财经研究，2013，39（7）：49－60.

［95］公维凤，王传会，周德群，等．能耗强度与能源结构优化对内生经济增长影响研究［J］．运筹与管理，2013（3）：115－121.

［96］陈真玲，王光辉，牛文元．能源和环境约束下的经济增长模型与实证分析［J］．数学的实践与认识，2013，43（18）：46－53.

［97］SOLOW R M. Technical change and the aggregate production function［J］. The Review of Economics and Statistics，1957，39（3）：312－320.

［98］FARRELL M J. The measurement of productive efficiency［J］. Journal of the Royal Statistical Society：Series A（General），1957，120（3）：253－290.

［99］CHARNES A，COOPER W W，RHODES E. Measuring the efficiency of decision making units［J］. European Journal of Operational Research，1978，2（6）：429－444.

［100］BANKER R D，CHARNES A，COOPER W W. Some models for estimating technical and scale inefficiencies in data envelopment analysis［J］. Manage Science，1984，30（9）：1078－1093.

［101］ROLF F，GROSSKOPF S，NORRIS M，ET AL. Productivity growth，technical progress，and efficiency change in industrialized countries［J］. American Economic Review，1994，84（1）：66－83.

［102］章上峰，顾文涛．超越对数生产函数的半参数变系数估计模型［J］．统计与信息论坛，2011，26（8）：18－23.

［103］范子英，张军．财政分权与中国经济增长的效率——基于非期望产出模型的分析［J］．管理世界，2009（7）：15－25.

［104］CHUNG Y H，FÄRE R，GROSSKOPF S. Productivity and undesirable outputs：a directional distance function approach［J］. Journal of Environmental Management，1997，51（3）：229－240.

［105］BRIEC W，CAVAIGNAC L，KERSTENS K. Directional measurement of technical efficiency of production: an axiomatic approach [J]. Economic Modelling, 2011, 28 (3): 775 – 781.

[106] TONE K. A slacks – based measure of efficiency in data envelopment analysis [J]. European Journal of Operational Research, 2001, 130 (3): 498 – 509.

[107] FUKUYAMA H, WEBER W L. A directional slacks – based measure of technical inefficiency [J]. Socio – Economic Planning Sciences, 2009, 43 (4): 274 – 287.

[108] MEHDILOOZAD M, SAHOO B K, ROSHDI I. A generalized multiplicative directional distance function for efficiency measurement in DEA [J]. European Journal of Operational Research, 2014, 232 (3): 679 – 688.

[109] FETHI M D, PASIOURAS F. Assessing bank efficiency and performance with operational research and artificial intelligence techniques: a survey [J]. European Journal of Operational Research, 2010, 204 (2): 189 – 198.

[110] 涂正革, 肖耿. 中国工业增长模式的转变——大中型企业劳动生产率的非参数生产前沿动态分析 [J]. 管理世界, 2006 (10): 27 – 39.

[111] 董敏杰, 梁泳梅. 1978—2010 年的中国经济增长来源: 一个非参数分解框架 [J]. 经济研究, 2013 (5): 17 – 32.

[112] KRAFT J, KRAFT A. On the relationship between energy and GNP [J]. Energy Economics, 1978, 22 (3): 615 – 625.

[113] AKARCA A T, LONG T V. On the relationship between energy and GNP: re – examination [J]. Journal of Energy and Development, 1980 (5): 326 – 331.

[114] YU EDEN S H, BEEN – KWEI HWANG. The relationship between energy and GNP: further results [J]. Energy Economics, 1984, 6 (3): 186 – 190.

[115] YU EDEN S H, JANG C JIN. Cointegration tests of energy consumption, income, and employment [J]. Resources and Energy, 1992, 14 (3): 259 – 266.

[116] STERN D I. Energy use and economic growth in the USA: a multivariate approach [J]. Energy Economics, 1993 (15): 137 – 150.

[117] STERN D I. A multivariate cointegration analysis of the role of energy in the US macroeconomy [J]. Energy Economics, 2000 (22): 267 – 283.

[118] SOYTAS U, SARI R. Energy consumption and income in G – 7 countries [J]. Journal of Policy Modeling, 2006, 28 (7): 739 – 750.

[119] WOLDE – RUFEAL Y. Electricity consumption and economic growth: a time series experience for 17 Africa countries [J]. Energy Policy, 2006, 34 (10): 1106 – 1114.

[120] MASIH A M M, MASIH R. On the temporal relationship between energy consumption, real

income and prices: some new evidence from asian – energy dependent nics based on a mult-ivariate cointegration vector error – correction approach [J]. Journal of Policy Modeling, 1997 (19): 417 – 440.

[121] GLASUER YU, LEE A. Cointegration, error – correction, and the relationship between GDP and case of south Korea and Singapore [J]. Resources and Electricity Economics, 1997 (20): 17 – 25.

[122] JOHN, ASAFU ADJAYE. The relationship between energy consumption, energy prices and economic growth: time series evidence from Asian developing countries [J]. Energy Economics, 2000 (22): 615 – 625.

[123] HWANG D B K, GUM B. The causal relationship between energy and GNP: the case of Taiwan [J]. Journal of Energy and Development, 1992 (16): 219 – 226.

[124] MASIH A M M, MASIH R. On the temporal relationship between energy consumption, real income and prices: some new evidence from Asian – energy dependent NICs based on a multivariate cointegration vector error – correction approach [J]. Journal of Policy Modeling, 1997 (19): 417 – 440.

[125] CHENG B L, LAI T W. An investigation for cointegration and causality between energy consumption and economic activity in Taiwan [J]. Energy Economics, 1997 (19): 435 – 444.

[126] YANG H Y. A note on the causal relationship between energy and GNP: further results [J]. Energy Economics, 2000 (6): 168 – 190.

[127] 赵丽霞, 魏巍贤. 能源与经济增长模型研究 [J]. 预测, 1998 (6): 32 – 34.

[128] 林伯强. 结构变化、效率改进与能源需求预测——以中国电力行业为例 [J]. 经济研究, 2003a (5): 57 – 65.

[129] 林伯强. 电力消费与中国经济增长: 基于生产函数的研究 [J]. 管理世界, 2003b (11): 18 – 27.

[130] 韩智勇, 魏一鸣, 焦建玲, 等. 中国能源消费与经济增长的协整性与因果关系分析 [J]. 系统工程, 2004, 22 (12): 17 – 21.

[131] 马超群, 储慧斌, 李科, 等. 中国能源消费与经济增长的协整与误差校正模型研究 [J]. 系统工程, 2004, 22 (10): 47 – 50.

[132] 赵进文, 范继涛. 经济增长与能源消费内在依从关系的实证研究 [J]. 经济研究, 2007 (8): 31 – 42.

[133] 牟敦国. 中国能源消费与经济增长的因果关系研究 [J]. 厦门大学学报: 哲学社会科学版, 2008 (2): 100 – 107.

[134] 张志柏. 中国能源消费因果关系分析 [J]. 财贸研究, 2008, 19 (3): 15 - 21.

[135] 吴巧生, 陈亮, 张炎涛, 等. 中国能源消费与 GDP 关系的再检验——基于省际面板数据的实证分析 [J]. 数量经济技术经济研究, 2008, 25 (6): 27 - 40.

[136] 杨冠琼. 经济增长与能源消费: 来自山东省的经验证据 [J]. 经济管理, 2006 (22): 86 - 93.

[137] 史浩江. 能源消费与经济增长: 基于广东省的实证分析 [J]. 经济问题, 2008, 348 (8): 119 - 120.

[138] 鞠耀绩, 韦福雷, 胡彩梅. 黑龙江省经济增长与能源消费关系的实证研究 [J]. 管理学报, 2008, 5 (5): 708 - 712.

[139] 马骥, 唐任伍. 能源约束对环渤海地区经济增长的影响 [J]. 经济管理, 2008 (9): 77 - 80.

[140] 王昱, 郭菊娥, 席酉民. 基于协整和脉冲响应的中国能源与经济增长动态关系测算研究 [J]. 中国人口·资源与环境, 2008, 18 (4): 56 - 61.

[141] 石刚, 陈忱. 经济增长与不可再生能源消费的实证分析 [J]. 中央财经大学学报, 2008 (9): 56 - 60.

[142] 张琳, 何炼成, 王俊霞. 电力消费与中国经济增长——基于中国 30 省市面板数据的协整检验 [J]. 山西财经大学学报, 2008, 30 (12): 18 - 21.

[143] 徐刚, 潘祺志. 中国能源消费与经济增长及能源效率关系的实证分析——基于 6 大产业部门的综列协整和 PVECM 模型 [J]. 中央财经大学学报, 2009 (5): 63 - 68.

[144] 魏子清, 周德群, 王群伟, 等. 中国三次产业经济增长与能源消费相互作用的动态特征 [J]. 资源科学, 2009, 31 (7): 1211 - 1218.

[145] 曾胜, 黄登仕. 中国能源消费、经济增长与能源效率——基于 1980—2007 年的实证分析 [J]. 数量经济技术经济研究, 2009 (8): 17 - 28.

[146] 周江. 我国能源消费总量与经济总量的关系 [J]. 财经科学, 2010 (10): 48 - 55.

[147] 胡军峰, 赵晓丽, 欧阳超. 北京市能源消费与经济增长关系研究 [J]. 统计研究, 2011, 28 (3): 79 - 85.

[148] 师博, 单豪杰. 能源消费、经济资本化与节能减排 [J]. 财经科学, 2012 (9): 65 - 71.

[149] 许涤龙, 钟雄, 汤智斌. 产业结构对能源消耗与经济增长的协同影响分析 [J]. 经济问题, 2012 (6): 19 - 24.

[150] 张劲文, 葛新权. 中国经济增长与能源消费依从关系——基于 1978—2010 年数据的实证研究 [J]. 首都经济贸易大学学报, 2012, 14 (4): 14 - 23.

[151] 肖涛, 张宗益, 汪锋. 我国区域能源消耗与经济增长关系——基于能源输入省与输

出省面板数据的实证分析 [J]. 管理工程学报, 2012, 26 (3): 74 - 79.

[152] MASIH A M M, MASIH R A. A multivariate cointegrated modeling approach in testing temporal causality bewteen energy consumption, real income and price with an application to two Asian LDCs [J]. Applied Economics, 1998, 30 (10): 1287 - 1298.

[153] JUMBE C. Cointegration and causality bewteen electricity consumption and GDP: empirical evidence from Malawi [J]. Energy Economics, 2004, 26 (1): 61 - 68.

[154] YU S H, CHOI J Y. The causal relationship between energy and GNP: an international comparison [J]. Journal of Energy Development, 1985 (10): 249 - 272.

[155] GROSSMAN G, KRUEGER A. Environmental impacts of the North American free trade agreement [R]. NBER Working paper 3914, 1991.

[156] SHAFIK N, BANDYOPADHYAY S. Economic growth and environmental quality: time - series and cross - country evidence [R]. World Bank Policy Research Working Paper, No. 904 (Washington, D. C.), 1992 (5).

[157] KUZNETS S. Economic growth and income equality [J]. American Economic Review, 1955, 45 (1): 1 - 28.

[158] PANAYOTOU T. Empirical tests and policy analysis of environmental degradation at different stages of economic development [R]. ILO Technology and Employment Programme Working Paper, WP238 (Geneva), 1993.

[159] GROSSMAN G, KRUEGER A. Economic growth and the environment [J]. Quarterly Journal of Economics, 1995, 110 (2): 353 - 377.

[160] DE BRUYN S M. Explaining the environmental Kuznets curve: structural change and international agreements in reducing surlphur emission [J]. Environment and Development Economics, 1997, 2 (4): 485 - 503.

[161] HILTON F G H, LEVINSON A M. Factoring the environmental Kuznets curve: evidence from automotive lead emission [J]. Journal of Public Economics and Management, 1998, 35 (2): 126 - 141.

[162] VIGUIER L. Emissions of SO_2, NOx, and CO_2 in transition economies: emission inventories and divisia index analysis [J]. The Energy Journal, 1999, 20 (2): 59 - 88.

[163] SELDEN T M, FORREST A S, LOCKHART J E. Analyzing the reductions in U. S. Air Pollution Emission: 1970 to 1990 [J]. Land Economics, 1999 (75): 1 - 21.

[164] DAVID I STERN. Expaining changes in global sulfur emissions: an econometric decomposition approach [J]. Ecological Economics, 2002, 42 (1 - 2): 201 - 220.

[165] HETTIGE H, MANI M, WHEELER D. Industrial pollution in economic development: the environmental Kuznets curve revisited [J]. Journal of Development Economics, 2000, 6 (2): 445 – 476.

[166] HAMILTON C, TURTON H. Determinants of emissions growth in OECD countries [J]. Energy Policy, 2002, 30 (1): 63 – 71.

[167] ZHANG Z. Decoupling China's carbon emissions increase from economic growth: an economic analysis and policy implications [J]. World Development, 2000, 28 (4): 739 – 752.

[168] ANTWEILER W, COPELAND B R. Is free trade good for the environment [J]. American Economic Review, 2001, 91 (4): 877 – 908.

[169] PERMAN R, STERN D I. Evidence from panel unit root and cointegration that the environmental Kuznets Curve does not exist [J]. Australian Journal of Agriculture and Resource Economic, 2003, 47 (3): 325 – 347.

[170] DINDA S, COONDOO D. Income and emission: a panel data – based cointegration analysis [J]. Ecological Economics, 2006, 57 (2): 167 – 181.

[171] AUCI S, BECCHETTI L. The instability of the adjusted and unadjusted environmental Kuznets Curves [J]. Ecological Economics, 2006, 60 (1): 282 – 298.

[172] MADDISON D. Environmental Kuznets curve: a spatial econometric approach [J]. Environment and Development Economics, 2006, 11 (2): 218 – 230.

[173] ASLANNIDIS N, XEPAPADEAS A. Smooth transition pollution – income paths [J]. Ecological Economics, 2006, 57 (2): 182 – 198.

[174] MARTÍNEZ – ZARZOSO I, BENGOCHEA – MORANCHO A. Pooled mean group estimation of an environmental Kuznets Curves for CO_2 [J]. Economics Letters, 2004, 82 (1): 121 – 126.

[175] 王慧炯, 甘师俊, 李善同. 可持续发展与经济结构 [M]. 北京: 科学出版社, 1999.

[176] 凌亢, 王浣尘, 刘涛. 城市经济发展与环境污染关系的统计研究——以南京市为例 [J]. 统计研究, 2001, 18 (10): 46 – 51.

[177] 范金. 可持续发展下的最优经济增长 [M]. 北京: 经济管理出版社, 2002.

[178] 陆虹. 中国环境问题与经济发展的关系分析: 以大气污染为例 [J]. 财经研究, 2000 (10): 53 – 59.

[179] 吴玉萍, 董锁成, 宋键峰. 北京市经济增长与环境污染水平计量模型研究 [J]. 地理研究, 2002, 21 (2): 239 – 246.

[180] 张云, 申玉铭, 徐谦. 北京市工业废气排放的环境库兹涅茨特征及因素分析 [J].

首都师范大学学报：自然科学版，2005，26（1）：113 – 116.

[181] 张连众，朱坦，李慕菡，等. 贸易自由化对我国环境污染的影响分析 [J]. 南开经济研究，2003（3）：3 – 5.

[182] 杨海生，贾佳，周永章，等. 贸易、外商直接投资、经济增长与环境污染 [J]. 中国人口·资源与环境，2005，15（3）：99 – 103.

[183] 于峰，齐建国，田晓林. 经济发展对环境质量影响的实证分析——基于 1999—2004 年间各省市的面板数据 [J]. 中国工业经济，2006（8）：36 – 44.

[184] GROOT H L, WITHAGEN C A, MINLIANG. Dynamic of China's regional development and pollution [G]. Tinbergen Institute Discussion Paper, TI2001 – 036/3, 2001.

[185] 彭水军. 经济增长、贸易与环境——理论、模型及中国的经验研究 [D]. 长沙：湖南大学，2005.

[186] 赵细康，李建民，王金营，等. 环境库兹涅茨曲线及在中国的检验 [J]. 南开经济研究，2005，3（3）：48 – 54.

[187] 杨万平，袁晓玲. 环境库兹涅茨曲线假说在中国的经验研究 [J]. 长江流域资源与环境，2009，18（8）：704 – 710.

[188] 于峰，齐建国. 开放经济下环境污染的分解分析——基于 1990—2003 年间我国各省市的面板数据 [J]. 统计研究，2007，24（1）：47 – 53.

[189] 杨万平，袁晓玲. 对外贸易、FDI 对环境污染的影响分析 [J]. 世界经济研究，2008（12）：62 – 68.

[190] 高宏霞，杨林，付海东. 中国各省经济增长与环境污染关系的研究与预测——基于环境库兹涅茨曲线的实证分析 [J]. 经济学动态，2012（1）：52 – 57.

[191] 杨林，高宏霞. 环境污染与经济增长关系的内在机理研究——基于综合污染指数的实证分析 [J]. 软科学，2012，26（11）：74 – 79.

[192] 范中启，曹明. 能源 – 经济 – 环境系统可持续发展协调状态的测度与评价 [J]. 预测，2006，25（4）：66 – 70.

[193] 李斌，符毅. 能源与环境约束下的经济增长 [J]. 生态经济，2008（8）：62 – 65.

[194] 张丽峰. 中国能源、环境、工业化与经济增长关系的实证分析 [J]. 技术经济，2009，28（4）：109 – 112.

[195] 陈诗一. 能源消耗、二氧化碳排放与中国工业的可持续发展 [J]. 经济研究，2009（4）：41 – 55.

[196] 林美顺. FDI、出口贸易与经济可持续增长研究——基于联立方程模型对福建经济的实证分析 [J]. 亚太经济，2011（6）：145 – 150.

[197] 张子龙，薛冰，陈兴鹏，等．基于哈肯模型的中国能源—经济—环境系统演化机制分析 [J]．生态经济，2015，31（1）：14－17.

[198] PITTMAN R W. Multilateral productivity comparisons with undesirable outputs [J]．Economic Journal，1983，93（372）：883－891.

[199] HAILU A，VEEMAN T S. Non－parametric productivity analysis with undesirable outputs：an application to the Canadian pulp and paper industry [J]．American Journal of Agricultural Economics，2001，83（3）：605－616.

[200] FARE R，G ROSSKOPF，SHAWNA，PASURKA CARL. Accounting for air pollution emissions in measuring of state manufacturing productivity growth [J]．Journal of Regional Science，2001，41（3）：381－409.

[201] KUMAR S，R R RUSSELL. Technological change，technological catch－up，and capital deepening：relative contributions to growth and convergence [J]．American Economic Review，2002，9（6）：527－548.

[202] JEFFERSON GARY，THOMAS RAWSKI，WANG LI，ZHENG YUXIN. Ownership，productivity change and financial performace in chinese industry [J]．Journal of Comparative Economics，2000，28（4）：786－813.

[203] 郑照宁，刘德顺．考虑资本—能源—劳动投入的中国超越对数生产函数 [J]．系统工程理论与实践，2004，24（5）：51－54.

[204] 颜鹏飞，王兵．技术效率、技术进步与生产率增长：基于 DEA 的实证分析 [J]．经济研究，2004（12）：55－65.

[205] 郭庆旺，贾俊雪．中国全要素生产率的估算：1979—2004 [J]．经济研究，2005（6）：51－60.

[206] 郑京海，胡鞍钢．中国改革时期省际生产率增长变化的实证分析（1979—2001 年） [J]．经济学：季刊，2005，4（2）：263－296.

[207] 孙琳琳，任若恩．中国资本投入和全要素生产率的估算 [J]．世界经济，2005（12）：3－13.

[208] 李静，孟令杰，吴福象．中国地区发展差异的再检验：要素积累抑或 TFP [J]．世界经济，2006（1）：12－22.

[209] 傅晓霞，吴利学．技术效率、资本深化与地区差异——基于随机前沿模型的中国地区收敛分析 [J]．经济研究，2006（10）：52－61.

[210] 王志刚，龚六堂，陈玉宇．地区间生产效率与全要素生产率增长率分解（1978—2003） [J]．中国社会科学，2006（2）：55－66.

[211] 岳书敬，刘朝明 . 人力资本与区域全要素生产率分析 [J] . 经济研究，2006（4）：90 - 96.

[212] 于君博 . 前沿生产函数在中国区域经济增长技术效率测算中的应用 [J] . 中国软科学，2006（11）：50 - 59.

[213] 赵伟，马瑞永，何元庆 . 全要素生产率变动的分解——基于 Malmquist 生产力指数的实证分析 [J] . 统计研究，2005，22（7）：37 - 42.

[214] 胡鞍钢，郑京海，高宇宁，等 . 考虑环境因素的省级技术效率排名（1999—2005）[J] . 经济学：季刊，2008（3）：827 - 942.

[215] 吴延瑞 . 生产率对中国经济增长的贡献：新的估计 [J] . 经济学：季刊，2008，7（3）：827 - 842.

[216] 卢艳，刘治国，刘培林 . 中国区域经济增长方式比较研究：1978—2005 [J] . 数量经济技术经济研究，2008，25（7）：54 - 66.

[217] 章祥荪，贵斌威 . 中国全要素生产率分析：Malmquist 指数法评述与应用 [J] . 数量经济技术经济研究，2008，25（6）：111 - 122.

[218] 刘舜佳 . 国际贸易、FDI 和中国全要素生产率下降——基于 1952—2006 年面板数据的 DEA 和协整检验 [J] . 数量经济技术经济研究，2008（11）：28 - 39.

[219] 郑京海，胡鞍钢，Arne Bigsten. 中国的经济增长能否持续？——一个生产率视角 [J] . 经济学：季刊，2008，7（3）：776 - 808.

[220] 吴建新 . 资本积累、全要素生产率与中国地区发展差异 [J] . 统计研究，2008，25（11）：18 - 23.

[221] 钞小静，任保平 . 中国的经济转型与经济增长质量：基于 TFP 贡献的考察 [J] . 当代经济科学，2008，30（4）：23 - 29.

[222] 吕冰洋，于永达 . 要素积累、效率提高还是技术进步？——经济增长的动力分析 [J] . 经济科学，2008（1）：16 - 27.

[223] 王小鲁，樊纲，刘鹏 . 中国经济增长方式转换和增长可持续性 [J] . 经济研究，2009（1）：44 - 47.

[224] 李宾，曾志雄 . 中国全要素生产率变动的再测算：1978—2007 年 [J] . 数量经济技术经济研究，2009（3）：3 - 15.

[225] 刘丹鹤，唐诗磊，李杜 . 技术进步与中国经济增长质量分析（1978—2007）[J] . 经济问题，2009，355（3）：30 - 33.

[226] 魏下海，李树培 . 区域经济差异、生产率的分解及收敛分析 [J] . 财经问题研究，2009（5）：32 - 39.

［227］周晓艳，高春亮，李钧鹏．我国长三角地区经济增长因素的实证分析［J］．数量经济技术经济研究，2009（3）：32－44．

［228］陶长琪，齐亚伟．中国全要素生产率的空间差异及其成因分析［J］．数量经济技术经济研究，2010（1）：19－32．

［229］李谷成．技术效率、技术进步与中国农业生产率增长［J］．经济评论，2009（1）：60－68．

［230］时悦，赵铁丰．中国农业全要素生产率影响因素分析［J］．华中农业大学学报：社会科学版，2009（2）：13－15．

［231］李谷成，冯中朝．中国农业全要素生产率增长：技术推进抑或效率驱动——一项基于随机前沿生产函数的行业比较研究［J］．农业技术经济，2010（5）：4－14．

［232］杨勇．中国服务业全要素生产率再测算［J］．世界经济，2008（10）：46－55．

［233］原毅军，刘浩，白楠．中国生产性服务业全要素生产率测度——基于非参数Malmquist指数方法的研究［J］．中国软科学，2009（1）：159－167．

［234］郑京海，刘小玄，Arne Bigsten. 1980—1994年期间中国国有企业的效率、技术进步和最佳实践［J］．经济学：季刊，2002，1（3）：521－540．

［235］李小平，朱钟棣．中国工业行业的全要素生产率测算——基于分行业面板数据的研究［J］．管理世界，2005（4）：56－64．

［236］朱钟棣，李小平．中国工业行业资本形成、全要素生产率变动及其趋异化：基于分行业面板数据的研究［J］．世界经济，2005（9）：51－62．

［237］涂正革，肖耿．中国的工业生产力革命——用随机前沿生产模型对中国大中型工业企业全要素生产率增长的分解及分析［J］．经济研究，2005（3）：4－15．

［238］涂正革，肖耿．中国经济的高增长能否持续：基于企业生产率动态变化的分析［J］．世界经济，2006（2）：3－10．

［239］沈能．中国制造业全要素生产率地区空间差异的实证研究［J］．中国软科学，2006（6）：101－110．

［240］涂正革．全要素生产率与区域工业的和谐快速发展——基于1995—2004年28个省市大中型工业的非参数生产前沿分析［J］．财经研究，2007a，33（12）：90－102．

［241］涂正革．全要素生产率与区域经济增长的动力——基于对1995—2004年28个省市大中型工业的非参数生产前沿分析［J］．南开经济研究，2007b（4）：14－36．

［242］李小平，卢现祥，朱钟棣．国际贸易、技术进步和中国工业行业的生产率增长［J］．经济学：季刊，2008，7（2）：549－564．

［243］涂正革．环境、资源与工业增长的协调性［J］．经济研究，2008a（2）：93－105．

[244] 宫俊涛，孙林岩，李刚. 中国制造业省际全要素生产率变动分析——基于非参数 Malmquist 指数方法 [J]. 数量经济技术经济研究，2008，25（4）：97 – 109.

[245] 李胜文，李大胜. 中国工业全要素生产率的波动：1986—2005——基于细分行业的三投入随机前沿生产函数分析 [J]. 数量经济技术经济研究，2008，25（5）：43 – 54.

[246] 涂正革. 区域经济和谐发展的全要素生产率研究——基于对 1995—2004 年 28 个省市大中型工业企业的非参数生产前沿分析 [J]. 经济评论，2008b（1）：29 – 35.

[247] 王兵，吴延瑞，颜鹏飞. 环境管制与全要素生产率增长：APEC 的实证研究 [J]. 经济研究，2008（5）：19 – 32.

[248] 李丹，胡小娟. 中国制造业企业相对效率和全要素生产率增长研究——基于 1999—2005 年行业数据的实证分析 [J]. 数量经济技术经济研究，2008，25（7）：31 – 41.

[249] 黄庐进，汪健. 上海地区外商直接投资对国内企业技术进步的影响 [J]. 财贸经济，2009（2）：102 – 108.

[250] 邱斌，杨帅，辛培江. FDI 技术溢出渠道与中国制造业生产率增长研究：基于面板数据的分析 [J]. 世界经济，2008，31（8）：20 – 31.

[251] 任若恩，孙琳琳. 我国行业层次的 TFP 估计：1981—2000 [J]. 经济学：季刊，2009（2）：925 – 950.

[252] 周建，顾柳柳. 能源、环境约束与工业增长模式转变——基于非参数生产前沿理论模型的上海数据实证分析 [J]. 财经研究，2009，35（5）：94 – 103.

[253] 岳书敬，刘富华. 环境约束下的经济增长效率及其影响因素 [J]. 数量经济技术经济研究，2009（5）：94 – 106.

[254] 陈静，雷厉. 中国制造业的生产率增长、技术进步与技术效率——基于 DEA 的实证分析 [J]. 当代经济科学，2010，32（4）：83 – 89.

[255] 吴军，笪凤媛，张建华. 环境管制与中国区域生产率增长 [J]. 统计研究，2010，27（1）：83 – 89.

[256] 孙传旺，刘希颖，林静. 碳强度约束下的中国全要素生产率测算与收敛性研究 [J]. 金融研究，2010（6）：17 – 33.

[257] 田银华，贺胜兵，胡石其. 环境约束下地区全要素生产率增长的再估算：1998—2008 [J]. 中国工业经济，2011（1）：47 – 57.

[258] 周五七，聂鸣. 低碳转型视角的中国工业全要素生产率增长——基于 1998—2010 年行业数据的实证分析 [J]. 财经科学，2012（10）：73 – 83.

[259] 张纯洪，刘海英. 中国经济全要素生产率的环境敏感性分析 [J]. 经济学家，2012（8）：66 – 71.

［260］杨万平. 能源消费与污染排放双重约束下的中国绿色经济增长［J］. 当代经济科学, 2011, 33（2）: 91 – 98.

［261］王维国, 范丹. 节能减排约束下的中国区域全要素生产率演变趋势与增长动力——基于 Malmqulist – Luenberger 指数法［J］. 经济管理, 2012（11）: 142 – 151.

［262］GROSSMAN G M, KRUEGER A B. Environmental impacts of a North American free trade agreement［C］. National Bureau of Economic Research Working Paper 3914, NBER, Cambridge MA, 1991.

［263］DE BRUYN S M, OPSCHOOR J B. Developments in the throughout – income relationship: theoretical and empirical observations［J］. Ecological Economics, 1997, 20（3）: 255 – 268.

［264］RAGHBENDRA JHA, BHANU MURTHY K V. An inverse global environmental Kuznets curve［J］. Journal of Comparative Economics, 2003, 31（3）: 352 – 368.

［265］于文金, 邹欣庆. 江苏盐城海岸带环境效应与产业调整定量研究［J］. 中国环境科学, 2008, 28（2）: 188 – 192.

［266］王西琴, 李芬. 天津市经济增长与环境污染水平关系［J］. 地理研究, 2005, 24（6）: 834 – 842.

［267］沈锋. 上海市经济增长与环境污染关系的研究——基于环境库兹涅茨理论的实证分析［J］. 财经研究, 2008, 34（9）: 81 – 90.

［268］杨龙, 胡晓珍. 基于 DEA 的中国绿色经济效率地区差异与收敛分析［J］. 经济学家, 2010（2）: 46 – 54.

［269］杨万平. 中国省际环境污染的动态综合评价及影响因素［J］. 经济管理, 2010（8）: 159 – 165.

［270］袁晓玲, 许杨, 徐玉菁. 基于综合排放净化视角的中国省域经济与环境状况分析［J］. 统计与信息论坛, 2011, 26（4）: 30 – 34.

［271］DAVID STYLES, KIERAN O'BRIEN, MICHAEL B JONES. A quantitative integrated assessment of pollution prevention achieved by integrated pollution prevention control licensing［J］. Environment International, 2009（35）: 1177 – 1187.

［272］方红卫, 孙世群, 朱雨龙, 等. 主成分分析法在水质环境中的应用及分析［J］. 环境科学与管理, 2009, 34（12）: 152 – 154.

［273］KUO Y M, WANG S W, JANG C S, NAICHIA YEH, YUE H L. Identifying the factors influencing PM2. 5 in southern Taiwan using dynamic factor analysis［J］. Atmospheric Environment, 2011（45）: 7276 – 7285.

［274］郑健. 基于 AHP 模型的乌鲁木齐市大气环境质量评价研究［J］. 干旱区资源与环

境，2013，27（11）：148-153.

［275］朱相宇，乔小勇. 北京环境质量综合评价及政策选择研究［J］. 城市发展研究，2013，20（12）：62-68.

［276］郭亚军，马凤妹，董庆兴. 无量纲化方法对拉开档次法的影响分析［J］. 管理科学学报，2011，14（5）：19-28.

［277］吴建新. 技术、效率、资本积累与中国地区发展差异［J］. 数量经济技术经济研究，2009（11）：28-38.

［278］张学良. 中国区域经济收敛的空间计量分析——基于长三角1993—2006年132个县市区的实证研究［J］. 财经研究，2009，35（7）：100-109.

［279］杨万平. 中国西部地区经济增长源泉——基于人力资本与能源消费的双重约束［J］. 华东经济管理，2014，28（1）：30-35.

［280］KARL SHELL. Toward a theory of inventive activity and capital accumulation［J］. American Economic Review，1966，56（5）：62-68.

［281］BARRO R，SALA-I-MARTIN X. Economic Growth［M］. New York：McGray Hill，1995.

［282］DALY HE，COBB JB. For the common goods：redirecting the economy toward community，the environment and a sustainable future［M］. Boston：Beacon Press，1989.

［283］DALY HE. Sustainable growth：an impossibility theorem［J］. Development，1994，3（4）：126-138.

［284］LIU JIANGUO，DIAMOND J. China's environment in a globalizing world：how China and the rest of the world affect each other［J］. Nature，2005，435（6）：1179-1186.

［285］郭亚军. 综合平价理论、方法及应用［M］. 北京：科学出版社，2007（5）.

［286］陈红蕾，陈秋峰. 经济增长、对外贸易与环境污染：联立方程的估计［J］. 产业经济研究，2009（3）：29-34.

［287］SONG Y，DAI W，WANG X，ET AL. Identifying dominant sources of respirable suspended particulates in Guangzhou［J］. China Environmental Engineering Science，2008（25）：959-968.

［288］袁晓玲，张宝山，杨万平. 基于环境污染的中国全要素能源效率研究［J］. 中国工业经济，2009（2）：79-86.

［289］陈诗一. 中国各地区低碳经济转型进程评估［J］. 经济研究，2012（8）：32-44.

［290］YORK R. Demographic trends and energy consumption in European Union Nations：1960-2025［J］. Social Science Research，2007，36（3）：855-872.

［291］MARTINEZ ZARZPSO I, MARUOTTI A. The impact of urbanization on CO_2 emissions: evidence from developing countries ［J］. Ecological Economics, 2011, 70 (15): 1344 – 1353.

［292］刘华军, 闫庆悦. 贸易开放、FDI 与中国二氧化碳排放 ［J］. 数量经济技术经济研究, 2011 (3): 21 – 35.

［293］赵忠秀, 等. 基于经典环境库兹涅茨模型的中国碳排放拐点预测 ［J］. 财贸经济, 2013, 34 (10): 81 – 88.

［294］单豪杰. 中国资本存量 K 的再估算: 1952—2006 年 ［J］. 数量经济技术经济研究, 2008 (10): 17 – 31.

［295］王小鲁. 中国经济增长的可持续性与制度变革 ［J］. 经济研究, 2000 (7): 3 – 15.

［296］CHOW G, LIN A. Accounting for economic growth in Taiwan and mainland China: a comparative analysis ［J］. Journal of Comparative Economics, 2002, 30 (3): 507 – 530.

［297］郭玉清, 姜磊. 中国地区经济差距扩散的源泉: 资本深化还是效率改进? ［J］. 数量经济技术经济研究, 2010 (7): 38 – 52.

［298］刘瑞翔, 安同良. 资源环境约束下中国经济增长绩效变化趋势与因素分析——基于一种新型生产率指数构建与分解方法的研究 ［J］. 经济研究, 2012 (11): 34 – 47.

［299］张少华, 蒋伟杰. 中国全要素生产率的再测度与分解 ［J］. 统计研究, 2014, 31 (3): 54 – 60.

［300］李秀敏. 人力资本、人力资本结构与区域协调发展——来自中国省级区域的证据 ［J］. 华中师范大学学报: 人文社会科学版, 2007, 46 (3): 47 – 56.

［301］张军, 吴桂英, 张吉鹏. 中国省际物质资本存量估算: 1952—2000 ［J］. 经济研究, 2004 (10): 35 – 44.

［302］张健华, 王鹏. 中国全要素生产率: 基于分省份资本折旧率的再估计 ［J］. 管理世界, 2012 (10): 18 – 30.

［303］刘瑞翔. 探寻中国经济增长源泉: 要素投入、生产率与环境消耗 ［J］. 世界经济, 2013 (10): 123 – 141.

后　记

　　"书到用时方恨少，事非经过不知难"！经过多年努力，拙著终于截稿。这是对博士学位论文的延续，期间写写停停，断断续续，但仍力求尽善尽美，惜囿于学识所限，难免有纰漏之处，恳请各位指正。

　　感谢西安交通大学人文社科学术出版基金、教育部哲学社会科学研究重大课题攻关项目与国家留学基金管理委员会青年骨干教师出国研修项目的资助。西安交通大学人文社科学术出版基金给予资金资助是本书写作的开始；作为教育部哲学社会科学研究重大课题攻关项目"新常态下中国经济运行机制的变革与中国宏观调控模式重构研究"（15JZD012）子课题四的负责人，感谢研究团队的支持；国家留学基金管理委员会青年骨干教师出国研修项目让我有了见识世界一流学府的机会，为我提供了心无旁骛的时间保证。

　　回首往事，从而立之年辞职考硕，重新进入校门读书，到攻博留校，一路走来，无悔当时的选择，酸甜苦辣都是历练，愈久弥坚的追求永驻于心。时间推移，心中感恩、感激、感谢愈发浓厚，感恩生命中的每一位贵人，感激西安交通大学经济与金融学院和众多给过我无私帮助的老师，感谢共同奋斗的同学、一路相扶的朋友和患难与共的家人。

　　感恩导师袁晓玲教授。能够师从袁门，是我的幸运。2004 年 9 月到 2009 年 12 月从硕士到博士，2010 年 1 月留校到现在，让您操了很多的心，传道、授业、解惑，把我这个经济学的门外汉领进了经济学的殿堂，让我看到了学术的天空，为我铺平了科研的道路，作为博士开门弟子的我享尽恩宠，对您的感恩之情无法用言语表达，是发自于内心的，让我一辈子铭记，要用一生的时间去报答。

　　感激西安交通大学经济与金融学院以及其他老师，是您们精彩演绎的每一节课、每一个讲座，用睿智开启了我的头脑。感激我博士学位论文开题、审核、答辩的各位专家，您们对论文的结构、内容与框架提出的建设性意见以及精彩的点评让我的思路更加严谨，为我后续的修改提供了广阔的前景。

感谢亦师亦友的同窗，特别是 2004 级的硕士班、2006 级的博士班，每当我在研究中遇到难题时，和你们的讨论总能让我调整思维，摆脱困境，痛并快乐的日子值得珍藏与品味！

感谢同门师弟（妹）的帮助，与你们的讨论使我思路广开，感谢师妹班澜（第五章）、师弟刘伯龙（第四章）出色的助研工作，"袁来你也在这里"让我们从天各一方变成相逢何必曾相识，伴我一路成长，愿我们的友谊地久天长！

感谢未曾谋面的众多学术同仁，正是你们的文献拓宽了我的思路。

感谢我年迈的父母、岳父母，你们的不断鼓励是我不竭的动力，你们的声声嘱咐使我始终不忘学习的目的，你们的教导和关心伴随着我成长的每一步，来自故乡的关怀是我前进中永远的动力。养育之恩，无以回报，你们健康快乐是我最大的心愿！

感谢我的爱妻段颖女士，在我人生的转折点给予的巨大支持和鼓励，使我有勇气辞去工作来追求自己的梦想，你的贤惠使我心无旁骛，专心致志于研究，你的关心让我能够每天精神振作，始终精力充沛地写作。二十年前愿意嫁给身无分文的我，二十年后给你的还是头无片瓦，特别是我出国访学这一年，代我尽孝，独自育儿，想到你忙碌奔波的身影，心中愧疚不已，但愿也只能但愿未来可以弥补心中遗憾！感谢我的儿子杨赟栋，他以自己的理解关心着我的写作。我希望他能从我的经历中吸取教训，知不足，而后奋发图强！你们的理解、支持与鼓励是我坚实的后盾，是我战胜一切困难的力量！

……

再次感恩指点迷津的贵人，感激出手相助的福人，感谢一路同行的友人，不管我今后身在何方，你们永远在我的心里。

感谢知识产权出版社的江宜玲女士，或许您无意中的邮件激起了我著书的欲望，更要感谢您在时间上对我的宽容。早该出版的书拖到现在，一切的缘由都是借口，我只能告诫以后的自己：人生静好，唯有时间与努力不可辜负！

杨万平

2017 年 12 月